Por qué deberías tener a un filósofo en tu empresa

PILAR LLÁCER

Por qué deberías tener a un filósofo en tu empresa

Cartas de Sofía a un director general

𝆕

ALMUZARA

Editorial Almuzara • Colección Pensamiento para la empresa
Editora: Rosa García Perea
Maquetación: Miguel Andréu

www.editorialalmuzara.com
pedidos@almuzaralibros.com - info@almuzaralibros.com

Editorial Almuzara
Parque Logístico de Córdoba. Ctra. Palma del Río, km 4
C/8, Nave L2, nº 3. 14005 - Córdoba

Imprime: Gráficas La Paz
ISBN: 978-84-10524-19-4
Depósito: CO-1693-2024
Hecho e impreso en España - *Made and printed in Spain*

Índice

NOTA DEL EDITOR

Tenemos la fortuna de publicar la obra de Pilar Llácer, filósofa, especialista en gestión de personas y escritora. Si en sus tres primeros libros, *Te van a despedir y los sabes* (2019), *Por qué Recursos Humanos deberían ser como Netflix* (2021) y *Te van a contratar y lo sabes* (2022), la autora abordó cuestiones de empleabilidad personal y de gestión de Recursos Humanos, en esta nueva obra, *Por qué deberías tener a un filósofo en la empresa*, Llácer plantea la oportunidad y rentabilidad de incorporar miradas y principios filosóficos a la dirección de las empresas, algo del todo imprescindible en estos tiempos de mudanza y vértigo.

Pilar, además, no se limita a trasladar el conocimiento consagrado de conocidos filósofos, sino que va más allá, creando un propio pensamiento y desarrollando unas bases filosóficas innovadoras, personales, entendibles y, por si poco todo ello resultara, también aplicables. Sin duda alguna, resultarán de extraordinaria utilidad para quiénes se encuentran al timón de cualquier organización o, por extensión, de su propia vida. Su viva y argumentada defensa de la «actitud filosófica», que cuestiona ideas preconcebidas para bien diferenciar la esencia de la apariencia, por ejemplo, supone una impagable aportación, a la que podríamos añadir, entre otras, su reflexión desveladora sobre el *ser-ahí* o el *ser-en-todas-partes*. Pero no debo descubrir más fulgores, que sea la intrépida y clarividente Sofía la que nos enriquezca con sus aportaciones filosóficas a través de las cartas que dirige a su perplejo director general.

Gracias, lector, por tu inquietud filosófica y por tu deseo de mejora personal y directiva. Te anticipo que has escogido el libro adecuado. Advertido quedas de que su lectura te marcará, porque es de esas que no se olvidan jamás. Gracias, Pilar, por tu hermosa y exitosa osadía de elaborar un pensamiento original y propio, que alumbra zonas aún oscuras para el conocimiento de la gestión humana y empresarial. También, por ayudarnos a enriquecer el pensamiento ejecutivo con la mirada filosófica que tanto precisábamos. Y, por último, gracias, Sofía, por tu lucidez y valentía. Sin ti, la caverna empresarial sería aún más lóbrega y oscura. Abramos las ventanas de nuestra mente, para que la luz del pensamiento nos ilumine, reconforte y oriente.

Que así sea.

Manuel Pimentel Siles

UNA BREVE INTRODUCCIÓN
AL LECTOR

El verdadero nombre de la señora que escribirá estas cartas será Sofía, pero nunca la llamaron así, ni siquiera en el colegio, por ese motivo, siempre se hizo llamar por el apellido paterno: Poppins, hasta se lo había cambiado en su DNI. En su época, estaba de moda y había más de tres niñas en la clase, y ella, que siempre se había sentido diferente, decidió desde su temprana infancia utilizar el apellido de su padre irlandés. Estudió Filosofía sin saber muy bien por qué: de esas elecciones que te cambian el rumbo de la vida en muchas ocasiones y que decide la nota de corte de una excelencia académica mal entendida. Cuando se cursan carreras de letras, se negaba a utilizar el postizo anglosajón de «grado», la salida profesional más habitual era la docencia, pero siempre sintió la curiosidad de entrar en una organización o caverna empresarial ya que, después de su larga experiencia profesional, era como las experimentaba a menudo; un mundo que aunque pretendía la transparencia, estaba lleno de apariencias y de muchas sombras.

Se sintió filósofa desde el origen de su existencia: una posición ante la vida, una declinación de la realidad, un ser y estar en el mundo que la hacían distinta de muchos de sus compañeros de estudios y de trabajo, y este «defecto» nunca había hecho fácil su estancia en las empresas. La curiosidad o el pensamiento crítico, ese cuestionarse que parecía tan demandado en los tiempos presentes, y que era más postureo que realidad en muchos casos, necesitaba ser llevado a la práctica puesto que así lo requerían los desafíos de los tiempos presentes, porque impactaban de lleno a gran velocidad en cómo conseguir la «buena vida laboral». Ella sabía, por su dilatada experiencia empresarial, que en el fondo se reclamaban personas que siguieran las normas y se acomodaran a la cultura de lo que «siempre se había hecho así»; sin embargo, aparecía afortunadamente una generación que chocaba de forma frontal con esta hipótesis.

Sofía llevaba muchos años trabajando en diferentes empresas (grandes, pequeñas y medianas), así como de muy diferentes sectores, y trabajar, una actividad que constituía más de un tercio de la actividad del ser humano, ya no tenía el mismo sentido y significado que en el pasado, pues era consciente de que tanto la naturaleza del mismo como la del liderazgo habían cambiado de manera radical. Su pasión y voluntad por lo que hacía siempre le habían hecho reflexionar sobre por qué, en las empresas, no era posible alcanzar lo que había denominado la «buena vida laboral»: ese bienestar que reclamaban ahora todas las organizaciones. Sin embargo, observaba tanto desencanto, hastío o falta de compromiso y ganas, y no solo en las nuevas generaciones, que se animó a escribir una serie de cartas a un «ficticio» director general, porque eran ellos o ellas (en estos tiempos presentes, había que ser políticamente correctos) quienes tenían la fuerza para cambiar el rumbo de las historias empresariales.

Siempre pensó que podía cuestionar la mirada ejecutiva sin aparente dirección pues para ese fin estaban los filósofos: para sacudir la realidad y preguntarse si las reglas del juego de la sociedad eran válidas, si las políticas y procedimientos de las empresas eran las correctas o si era necesario volver a pensar sobre lo bueno, o malo, lo justo o lo injusto, lo verdadero o lo falso, (el terreno de la ética), y todavía con más urgencia con la irrupción de la inteligencia artificial. Por ese motivo, se necesitaría no solo a un filósofo en la empresa, sino adquirir los rasgos de la «actitud filosófica» en la vida, para un fin muy concreto: el de alcanzar la «buena vida laboral», ya que esta impregnará sin remedio y con sentido y significado ético, el resto de la existencia de todas las personas que lean estas letras.

En todas sus salidas y entradas de las cavernas empresariales, se negaba a llamarlas de otra forma después de haber pasado por tantas, se había dado cuenta de que casi todas eran oscuras y carecían de luz o de verdadera transparencia o claridad, no ya tanto en las apariencias como en su propia esencia porque, al final, todo dependía de lo mismo: de los jefes o superiores, en su mayoría «semidioses» con un halo poco terrenal. Y, más allá del estilo de liderazgo, al ser filósofa, su objetivo sería pensar sobre cómo los grandes desafíos de los tiempos presentes marcados por la tecnología y una nueva generación, habían cambiado ya para siempre la verdadera naturaleza del trabajo y del liderazgo. La mirada filosófica, frente a la ejecutiva imperante y dominante, pretendía despertar a una sociedad distraída, a unos trabajadores con un propósito perdido, atrapados en una «red» muy potente, adormilados por el «runrún» de una tecnología que nos embaucaba en cualquiera de sus formas. Por el tedio de una realidad de los cinco sentidos que nos aburre tremendamente, por una generación que los mayores no entendemos y que se atreven a expresarse sin miedo, a cuestionar normas y procedimientos, hasta a cambiar el eje de rotación de pensamiento: «jóvenes con efecto Copérnico», como los llamaría en estas cartas, que cambian la órbita de las empresas y que simplemente no tienen miedo a manifestarse con transparencia y de forma directa en el habitual mundo de las sombras de las cavernas empresariales, de apariencias que deducen que no son tan reales como su tan aclamada imagen de marca proclama.

Sofía quería seguir trabajando a pesar de su edad y comprobar si, con la ayuda de la filosofía, se podía construir un nuevo modelo de pensamiento e identificar los rasgos de la actitud filosófica para abordar los desafíos de los tiempos presentes, que ayudaran a las empresas y a los trabajadores a un fin más allá de sus intereses particulares. Esta disciplina contribuiría a saber cómo distanciarse, para poder apreciar con claridad una travesía que, a pesar de todas las adversidades, siempre tenía prevista para todos un destino, el de la «buena vida laboral».

En tiempos de incertidumbre, nada mejor que una virtud como la templanza; en épocas de un escepticismo imperante y avatares de la Inteligencia Artificial, el pensamiento crítico ayudaría a esclarecer el sentido y rumbo de la existencia de todas las personas y, por ello, la filosofía, como había sido desde sus inicios, contribuiría a derrumbar los mitos y las creencias empresariales que representaban la realidad de un pasado que ya no tenía reflejo en el presente, ni tan siquiera sombra en el futuro. Las cuestiones filosóficas no solo tenían que ver con hacia dónde vamos o venimos como especie, sino con las grandes preguntas cotidianas de nuestra existencia pues, con la irrupción de la inteligencia artificial, ya no solo se necesitaba tener respuestas, sino sobre todo algo distinto y específicamente humano, que era la capacidad de hacerse preguntas, y ese era el verdadero objetivo de la filosofía: significaba dudar y cuestionarse lo que tradicionalmente se había hecho de la misma manera. Parecía que esta disciplina se había quedado intencionadamente a las puertas del mundo de la empresa cuando tanto tenía que aportar, por ese motivo se necesitaban más que nunca filósofos en las cavernas empresariales aunque, si era realista, no los demandaran todavía en ninguna oferta de empleo.

Ya se sentía como Diógenes, filósofo del siglo I a. C., pero, en lugar de con un candil, con la linterna del móvil, pues era su profesión como filósofa y su responsabilidad, reflexionar sobre lo que estaba sucediendo en nuestros tiempos presentes, en la empresa, en la sociedad y en la naturaleza del trabajo y del liderazgo; y para todo ello se iban a necesitar los rasgos de la actitud filosófica que había identificado junto con grandes dosis de pensamiento crítico y ese, sin duda, era su territorio: el de la filosofía.

ADVERTENCIAS SOBRE EL USO
DE ESTA CORRESPONDENCIA

Querido director general:

Sé que te va a sorprender que alguien te escriba y más ahora por un medio tan poco convencional como son las cartas manuscritas y, si logro sorprenderte con la primera, tendré mucho camino ganado; son como los primeros tres minutos de cualquier serie que ves. Llevo algún tiempo trabajando en tu empresa y utilizaré un seudónimo muy filosófico, pues es parte del juego que vayas a adivinar quién soy en realidad. No me propongo hacer un recorrido por lo que dijeron otros filósofos a lo largo de la historia extrapolado al mundo de la empresa ni hacer un refrito de citas filosóficas casi siempre traídas fuera de contexto, sino todo lo contrario: el filosofar mismo que significa, básicamente, el pensar sobre algo con un determinado método. Para ello, he identificado lo que serían los rasgos de la actitud filosófica que te permitirán elaborar un marco de pensamiento desde el que poder abordar algunos de los desafíos de los tiempos presentes para construir un concepto básico que será la finalidad de estas cartas:

la «buena vida laboral». Debido a que ya casi seguro te has dado cuenta, la naturaleza, el sentido y significado del propio trabajo han cambiado radicalmente por el efecto de la tecnología y de una generación a la que he llamado «jóvenes con efecto Copérnico» (si no te acuerdas de quien era este personaje histórico, te animo a que lo averigües). A través de estas cartas, descubrirás que los rasgos de la actitud filosófica se encuentran en potencia en todos los seres humanos, y que te corresponde llevarlas al acto, porque esa es la verdadera naturaleza del liderazgo.

Quiero reivindicar, a través de esta correpondencia, esa disciplina que parece que se aparta de forma intencionada de la vida práctica y del mundo de la empresa y, sin embargo, debido a los desafíos de los tiempos presentes, es necesario incorporar de forma urgente en las organizaciones, aunque solo fuera por la novedad. Debido al devenir de la historia y el cambio fulminante de la tecnología en la naturaleza, sentido y significado del trabajo, los pilares tradicionales que habían constituido la esencia de las empresas y la sociedad se diluían rápidamente, impactando de lleno en los empleados. No era la época de las grandes respuestas, sino sobre todo de inteligentes preguntas, y este era el terreno auténtico de la filosofía; esos símbolos de interrogación que son los que hacen cambiar el rumbo de todas las historias, y tú, como director general, puedes ser el responsable de acatar las normas o cuestionarlas, pues tienes el poder y yo todavía no. Ese es el motivo por el que te escribo anónimamente. Si me hubiera presentado en tu despacho, siempre con cita previa, a pesar de la tan manida transparencia, no me hubiera atrevido a decirte en un cara a cara lo que te quiero contar a través de las cartas, y por este último comentario, ya habrás podido adivinar mi edad, pues cualquier joven no hubiera dudado en retarte de forma inmediata y sin filtros.

Cada una de las cartas que vas a recibir en los próximos meses forman parte de un propósito y es que tú, que tienes el poder y a veces la autoridad, puedas construir un marco filosófico, a través del descubrimiento de los rasgos de la actitud filosófica, que te permitan alcanzar la «buena vida laboral». La filosofía, frente al pensamiento ejecutivo, te hará cuestionarte las respuestas que afectan a todos los agentes de interés, incluido tú mismo, a preguntas cotidianas tales como «¿para qué sirve tu trabajo?», «¿por qué voy a ser recordado?», «¿cuál es el propósito de la vida?», «¿por qué hoy es tan difícil lograr el compromiso?», «¿cómo combatir el tedio y el aburrimiento de una sociedad en constante novedad diaria?», y también y por qué no, cómo ser capaces de contribuir a un mundo más justo, a un interés general por encima del individual.

Seguro que eres consciente de que estas preguntas estaban detrás de todo lo que sucede en la caverna empresarial y en la sociedad y, al hacerte pensar filosóficamente, vas a encontrar no solo las respuestas, sino sobre todo la capacidad de estacionarte para cuestionar todo lo que se da por cierto. Con la irrupción de la inteligencia artificial, ya no se necesitaba solo tener respuestas o personas con gran capacidad analítica, sino todo lo contrario, y algo específicamente humano, la urgencia de hacerse preguntas, y ese era el verdadero objeto de la filosofía, y significaba dudar y cuestionarse lo que tradicionalmente se había hecho de la misma manera o se presentaba ante nosotros de forma tradicional. El horizonte de esta disciplina no era el de las simples preguntas sobre la apariencia o accidentes sobre lo que sucede, sino sobre la esencia misma de la realidad, y te pondré un ejemplo sencillo, para que no te me asustes y sigas leyendo las siguientes cartas. La filosofía nos sitúa directamente en el plano de las preguntas, que no necesariamente nos lleva a las respuestas concretas o inmediatas, pues el arte de preguntarse no es sencillo, e implica como condición necesaria y suficiente un rasgo que parece haberse perdido en la empresa y en general en el mundo, que es el de la curiosidad. Voy a ponerte un ejemplo concreto para que lo entiendas: en un día nublado si te pregunto «¿de qué color es el cielo?»; la respuesta puede ser: «El cielo parece gris, pero es azul»; sin embargo, no es correcta, o puede ser cierta al mismo tiempo a la vez y, aunque parezcan contradictorias, la gran pregunta filosófica no sería sobre un aspecto del cielo, sino sobre su «ser»: ¿Qué es el cielo? Y es esta pregunta la que te dará la verdadera respuesta, porque la filosofía siempre va a la esencia y no a las apariencias, y a lo mejor llegas a la conclusión de que el cielo no es de ningún color o de muchos al mismo tiempo, y esta reflexión, te hace cambiar de forma radical tu toma de decisiones.

En la primera sección de las cartas, llamada «Del pensamiento ejecutivo al filosófico: los rasgos de la actitud filosófica», te hablaré del nuevo marco de pensamiento necesario para poder abordar los desafíos de los tiempos presentes y los de tu empresa, algo que espero que cambie tu modelo de gestión para siempre. La naturaleza del liderazgo, como ya irás descubriendo, consistirá en llevar al acto desde la potencia esos rasgos que todos los seres humanos tenemos y que, sin embargo, tendemos a ocultar por el también opaco mundo de la educación. Con el marco de la filosofía, y a través de los rasgos de la actitud filosófica, y debido a que la naturaleza, el sentido y significado del trabajo habían cambiado ya y su propósito también, era necesario redescubrir la «buena vida laboral». Había descubierto que el pensamiento filosófico, y su primer motor, la curiosidad, eran condición necesaria y suficiente para activar todos las demás rasgos de la actitud filosófica: la amistad, el estacionar para cuestionarse, la creatividad, la ejemplaridad, la humildad, ser radical y, por último, la voluntad. Estas características serían relevantes frente al atrevido mundo de las opiniones y conducirán directamente desde la mirada ejecutiva, a la filosófica. Muchos de estos términos se nos aparecen como contrapuestos al mundo de la empresa, y sin embargo, todos y cada uno de ellos eran necesarios para afrontar los desafíos de los tiempos presentes. Se había percatado de una discusión más o menos frecuente sobre si estos rasgos o competencias eran innatos o se podían adquirir, pero yo siempre había creído que en la naturaleza de todos los seres humanos, de forma latente o en potencia se hallaban presentes, y solo con un liderazgo, entendido como fuerza, y en un entorno social y de reciprocidad, se podían llevar al acto. Si la naturaleza del trabajo ya había cambiado por el efecto de la tecnología como sexto sentido, se necesitaba activar el primer motor, siempre necesario para el movimiento, que era la curiosidad, y provocar una reacción en cadena en el resto para lograr la actitud filosófica. En la segunda sección de las cartas que espero enviarte, te voy a contar mi reflexión sobre los desafíos, si todo va según lo previsto de los tiempos presentes y algunos fenómenos que estaban alterando la sociedad y las empresas, pues la naturaleza misma del ser humano, su sentido y significado habían cambiado; en definitiva, se estaba produciendo una nueva forma de existencialismo con la constante de la incertidumbre. En una época de total transparencia e inmediatez, parecía que «la verdad» de las cosas se nos ocultaba tras el velo de la tecnología, y esta, ya como un sexto sentido del ser humano, ponía en cuestión no solo el concepto de inteligencia, sino que ampliaba los límites de la experiencia y los enredaba a la vez. Estábamos atrapados en las redes sociales, nunca la realidad presencial de toda la vida había sido tan ignorada, porque nuestro «ser y estar» en el mundo real nos producía tedio; por eso nos asomábamos constantemente al otro lado de la pantalla, con la creencia de que, en cualquier momento, podríamos desconectar. El superhombre de Nietzsche se hacía realidad y, más que nunca, hacía falta sacar del trastero la disciplina de la ética, que nos interpela a situarnos en el horizonte entre lo bueno y lo malo, lo justo o injusto y lo verdadero o falso. Lo digital ha dado a luz a una generación que he llamado (ya descubrirás que me encanta ponerle nombres a las cosas) «jóvenes con efecto Copérnico» que, dentro de las empresas, hacen realidad la idea de que las personas son el verdadero centro y provocan el giro de que el compromiso ya no esté ligado al concepto de tiempo ni espacio físico; lo que cuestiona muchos de los mitos vigentes, entre ellos, la jerarquía vertical basada en el poder sin autoridad, parecida a esas figuras de «semidioses» que tienen algunos jefes todavía en las empresas.

En la última sección de mis cartas, y si llegas hasta el final, tendrá que ver con los desafíos que tienen las empresas, y te las enviaré en último lugar, porque es imprescindible leerlas desde el nuevo marco de pensamiento que espero que ya hayas adquirido, y que puedas aplicar los rasgos de la actitud filosófica para lograr lo que, desde el primer momento, me movió a empezar a escribir esta correspondencia: la «buena vida laboral». El ser y tiempo de los empleados de las empresas ha cambiado, debido a que la naturaleza del trabajo ya ha mutado por la tecnología y los jóvenes con efecto Copérnico. Las cartas que te escribiré sobre el liderazgo espero que no sean las más largas pues, aunque se hable tanto de él, se practica poco. Con el enfoque filosófico descubrirás que este no es un estilo, sino que su verdadera naturaleza es una fuerza dinámica, que es la que conduce a la acción y lleva de la potencia al acto los rasgos de la actitud filosófica en todos los seres humanos. Intentaré derribar algunos de los mitos más habituales para llegar por fin al desenlace, pero ese misterio, te dejaré que lo descubras si llegas hasta el final de mis cartas.

LIBRO I

DEL PENSAMIENTO EJECUTIVO AL FILOSÓFICO: LOS RASGOS DE LA ACTITUD FILOSÓFICA

1

DE LA NECESIDAD DE LA FILOSOFÍA

Querido director general:

En esta primera sección de las cartas, me gustaría presentarte de nuevo a la filosofía; una disciplina que, en el argot tradicional, se dice que no sirve para nada y, sin embargo, espero que te vayas dando cuenta de que tiene como objetivo hacerte pensar, y dar sentido y significado a la existencia. No vas a encontrar ni recetas ni mapas (ese será uno de los motivos por el que esta materia se ha alejado tanto de la sociedad y de la empresa) y, además, sus rasgos no pertenecen al *ethos*, carácter o la psique; no es un refugio: siempre es radical, reactiva y práctica; y te conduce, de manera inevitable, a una exploración de nuevos modos de interpretar el mundo porque la tecnología ya se había configurado como un sexto sentido que desdobla nuestra percepción de lo que se nos aparece como real, y esto es un hecho crucial para nuestra vida, que nos obliga a pensar todo de nuevo. La «actitud filosófica» es la capacidad que tenemos de poner en cuestión esas ideas preconcebidas para entender la realidad y, a lo largo de toda su historia, tuvo como objetivo descubrir el cómo las cosas son, su esencia frente a la apariencia, lo que parece ser en el mundo de los fenómenos y cómo podemos llegar a conocerlos. El pensamiento filosófico es el fundamento de la unidad y coherencia de los acontecimientos, frente a la multiplicidad de apariencias reforzadas en esta última época por un universo virtual en el que discernir qué es lo real o no, constituye un verdadero reto para la explicación racional del mundo. El modelo de observación de la realidad ya ha cambiado y los jóvenes con efecto Copérnico, gracias al sexto sentido de la tecnología, cuestionan de la presencialidad en todas sus formas. Lo relevante de filosofar no es dar vueltas sobre los temas una y otra vez, sino modificar el acercamiento a los problemas, pues «también en el pensar hay un tiempo de sembrar y otro de cosechar», como diría Wittgenstein en su libro de Aforismos.

Si la filosofía es la reflexión sobre la experiencia de vida, no solo se ha ampliado el entorno de esta misma, sino que también ha cambiado la condición del ser humano para experimentarla. La nueva realidad artificial es la condición posmoderna auténtica. La diversidad de las experiencias virtuales y reales indican que nuestro mundo no solo está rodeado con zonas de lo fácticamente conocido, sino que se está ensanchando por medio de la inclusión y la exclusión en nuestro conocer de realidades y avatares artificiales. Esta nueva circunstancia provoca que los límites que constituyen nuestra situación en el mundo, se nos aparezcan como contingentes, frágiles y cuestionables, pues ya no tenemos un único espacio físico y tiempo síncrono delimitado para darse lo que se nos muestra, y si por nuestra experiencia lo virtual se considera real: ¿acaso me pregunto, nos estarán engañando nuestros sentidos? Descartes «se hacía esta pregunta frente a una chimenea», Wittgenstein en unas trincheras durante la Primera Guerra Mundial y, ahora, muchos filósofos se enclaustran en las paredes académicas, para criticar esta nueva apertura de realidad que constituye el mundo virtual, enroscándose en un discurso del lenguaje repetitivo con la añoranza de los grandes pensadores de los tiempos pasados. Y he de decirte que lo «virtual» no significa un detrimento de la realidad ni del cuerpo ni siquiera una pérdida del otro; estamos ante el descubrimiento de un nuevo sexto sentido sobre el que tendremos que reflexionar.

El panorama del pensamiento actual es un poco desolador, o esa es la sensación entre los apocalípticos e integrados de quienes hablaba, allá por el año 1969, Umberto Eco. Hay una gran queja del mundo que nos ha tocado vivir; quizá siempre sucedió así y, sin embargo ahora, gracias a la transparencia total y el tiempo asíncrono que otorgan las redes sociales, se nos aparece como más real y vívida que antes. En el diálogo *Fedro* (c. 374-377 a. C.), Platón cuenta el mito de la invención de la escritura; su creador, Theuth, presenta el invento al rey Thamus, diciéndole: «Este conocimiento, oh, rey, hará más sabios a los egipcios y más memoriosos, pues se ha inventado como un fármaco de la memoria y de la sabiduría». Pero el rey rechazó su argumento: «Es el olvido lo que producirá en las almas de quienes lo aprendan, al descuidar la memoria ya que, fiándose del escrito, llegarán al recuerdo desde fuera, a través de los caracteres ajenos, no desde dentro, sino desde ellos mismos y por sí mismos». Este problema tan antiguo se plantea de nuevo hoy día, cuando los supercomputadores poseen memorias prodigiosas y de fácil acceso. El algoritmo puede asumir muchas de las tareas rutinarias que el pensamiento humano ha de realizar y, de esta forma, liberarlo para que se haga cargo de funciones más profundas y, asimismo, la irrupción de la inteligencia artificial generativa cuestiona cuáles son esos quehaceres específicamente humanos relegados hasta ahora solo a nuestra naturaleza. Gracias al estacionamiento que permite el pensar filosófico, se nos abrirá el horizonte de las verdaderas preguntas, antes que las inmediatas y ejecutivas respuestas que, ante los desafíos de los tiempos presentes, solo sirven para proyectar, en un corto plazo, lo que se nos aparece como cierto y verdadero sin cuestionarlo.

La filosofía nació en Grecia para unos intereses muy distintos a los del último siglo: derrumbar mitos y creencias, y ayudar a dar razón a un mundo que se volvía más complejo. Y en nuestros tiempos presentes, tendría que servir para desenredar, a través del pensamiento crítico, una sociedad digital y desequilibrada por la aparición de la tecnología como sexto sentido y de los jóvenes con efecto Copérnico, que ponían en jaque todos los comportamientos y procedimientos del pasado. Uno de los principales motivos por el que se ha relegado a la filosofía de las empresas y, en general, de la vida pública es por su malentendido rasgo contemplativo y, a veces, más oscuro de lo necesario. Parece que conceptos como «existir», «ser» y «estar» en el mundo son sinónimos de ejecutar, de un actuar sin cuestionarse la aparente velocidad de los fenómenos que no siempre puede ser cierta. Por ello es tan importante volver a recuperar esta disciplina; un método de pensamiento que permita abordar, desde otra dimensión, los desafíos de los tiempos presentes, incorporando la reflexión sobre esa nueva apertura virtual en la que la condición humana cambia por completo.

Este es uno de los motivos por el que te escribo estas cartas, para enseñarte a detenerte de forma momentánea, a estacionar, y que puedas construir un marco de pensamiento que no solo te permita abordar los desafíos de los tiempos presentes, sino que dé sentido y significado a una existencia desdoblada en dos realidades: la tradicional y la virtual. Los rasgos de la actitud filosófica te permitirán no solo conocer y comprender en un sentido más amplio la experiencia de lo vivido, sino, además, cuestionar lo que se nos aparece como cierto, pues es algo que desenmascara, situándonos en el territorio de la sospecha, del presentimiento, el pálpito de la ética. Quiero mostrarte en esta correspondencia, la diferencia entre tu pensamiento ejecutivo y el filosófico, así como los rasgos de la actitud filosófica.

En definitiva, esta disciplina tiene que provocar un cuestionarse radical la realidad de lo establecido en la sociedad y en las empresas, debido a que la tecnología como sexto sentido y los jóvenes con efecto Copérnico, cambiaron ya para siempre una vida que tiende a mantener el legado como resplandor y no como línea discontinua de horizonte. ¿Ulises, estás preparado para nueva Odisea?

2

DEL PENSAMIENTO EJECUTIVO

Querido director general:

Al igual que la filosofía en sus comienzos sirvió para llevar al ser humano del mito al logos y destruir muchas de las creencias, hoy quiero invitarte a reflexionar sobre la necesidad de pasar de un pensamiento ejecutivo al filosófico. El sistema que te voy a describir a continuación se construye a partir de los desafíos de los tiempos presentes de los que te hablaré en mis siguientes cartas: mayor intensidad de la incertidumbre, una transparencia sin filtros, percepción alterada de la velocidad de los acontecimientos, una inteligencia que parece superar a la humana sin apenas ética, y una generación con efecto Copérnico que altera, definitivamente, nuestra condición de existencia. Igualmente, incorpora como base la tecnología como sexto sentido del ser humano, y una percepción de la realidad y de lo que podemos conocer que transmuta, muda o convierte la esencia de las empresas y sociedad en algo distinto.

Me vas a permitir que te haga una breve radiografía de cómo veo el pensamiento ejecutivo imperante, sobre todo en algunos «semidioses», que son quienes todavía mueven los hilos en la sociedad y en las empresas, de lo que, en nuestros tiempos presentes, se nos aparece como cierto y verdadero, y que se expande y contagia más rápido que una mancha de aceite entre toda la población, independientemente de su rango de edad y posición social. El ideal, el referente a seguir, se nos aparece de manera recurrente con unas características, con unos zapatos que no son adecuados para escalar las montañas que tenemos por delante. A continuación, te voy a describir algunos de los rasgos del pensamiento ejecutivo.

En primer lugar, busca siempre el beneficio personal frente al del equipo, sin embargo, la gloria, reputación, fama y honor extraordinarios que resultan de las buenas acciones y grandes cualidades, nunca se consigue en soledad, sino gracias a otros. La individualidad ha quedado enterrada en un interés en solitario que se encuentra definitivamente aislado de la condición humana y virtual, y surge la transparencia, como una de las propiedades esenciales de los tiempos presentes, que deja fuera de juego definitivamente la manera de hacer tradicional, pues saca a la luz las sombras de las cavernas, y exige de curiosidad, amistad, estacionarse, cuestionar, creatividad, ejemplaridad, humildad, cierta radicalidad y mucha voluntad; en definitiva, los rasgos de la actitud filosófica.

En segundo lugar, la mirada a corto plazo solo conlleva batallas ganadas efímeras. Perdona que te hable en términos tan militares, pero así es como veo a menudo tu existencia en las empresas y la sociedad, y por culpa de dos de los desafíos de los tiempos presentes (la incertidumbre y transparencia), esta mirada abrupta del terreno conocido y de los barros del pasado casi nunca conducen a un estacionarse ante las condiciones del presente y futuro.

En tercer lugar, quienes tienen madera de líder, espero que ahora ya sostenible y reciclable, piensan a menudo que el fin casi siempre justifica los medios; miran al destino directamente en lugar de al trayecto, hasta que se chocan de bruces con los jóvenes con efecto Copérnico, que alteran la órbita de la finalidad del trabajo, dando más importancia al recorrido que al destino, y te hacen volver a pensar sobre el sentido y significado del compromiso, así como la naturaleza del trabajo y del liderazgo.

En cuarto lugar, el pensamiento ejecutivo tiene una definitiva aversión al cambio, pues todo lo que se sale fuera de la esfera de lo previsible o de quienes siguen a rajatabla las normas, políticas y procedimientos se ve como extraño, ajeno a un mundo que ya no se mueve de la misma manera de siempre. Quiero que pienses que la mirada estática de lo que acontece nunca tuvo grandes beneficios en el suceder de los cambios de la historia.

En quinto lugar, el pensamiento ejecutivo mira siempre desde arriba, que no significa unas vistas mejores, sino desde una distancia que no permite observar los detalles del terreno ni implicarse con un ver a otro como persona, o como fin en sí mismo, en lugar de como medio para alcanzar unos beneficios individuales que no integran ni hacen más justa a la sociedad. Este mirar desde arriba, esa distancia, aleja completamente el mundo real y virtual.

En sexto lugar, esta forma de «ser y estar» en el mundo, de comprender la realidad y dirigir la acción de lo que acontece del pensamiento ejecutivo, mira al pasado, en lugar de vivir en el presente, un territorio en el que validar las hipótesis, en un ayer que pretende determinar el presente y el futuro. Si lo piensas bien: ¿de verdad existe el pasado? Tienes, en tus manos, trazar un presente y el futuro, pues posees la autoridad y el poder para llevarlo a cabo, y este trayecto solo puede realizarse cuestionando el legado y con los rasgos de la actitud filosófica.

En séptimo lugar, el pensamiento ejecutivo siempre está centrado en la razón y la capacidad analítica frente a los sentimientos, y ve como una amenaza constante las innovaciones. Quien no entienda, hoy por hoy, que saber «tocar las emociones» es la clave para generar el compromiso en todos los ámbitos, perderá no solo una batalla, sino definitivamente la guerra por entender y actuar frente a los desafíos de los tiempos presentes.

En octavo lugar, los «semidioses» ejecutivos muestran apatía frente a lo que no es de su interés o de su beneficio inmediato, una actitud estoica mal entendida, pues significa una consecución rápida del placer, de lo que agrada a corto plazo y gusta muy superficialmente, conjuntamente con el alejamiento del dolor y, luego criticas ese comportamiento de los jóvenes con efecto Copérnico (no quiero intencionadamente desvelarte este concepto pues es uno de los objetivos de la actitud filosófica, que lo vayas descubriendo por ti mismo). Cuestionarse y preguntarte por lo diferente, a nuestro parecer, no solo es difícil, sino que exige un cambio de modelo de pensamiento, y al menos dudar de que la novedad no es mala, sino que es la esencia de los tiempos presentes, que así son de caprichosos.

En noveno lugar, observo una queja constante y reiterada ante el devenir de los cambios, de la tecnología y de las nuevas generaciones. Al ser humano no le gustaron desde su origen las alteraciones, aunque son parte de su supervivencia ya que el entorno muta, y a los «semidioses» nunca les pareció relevante este acontecer de la incertidumbre y de la velocidad de los acontecimientos.

Y, por último, parte de los rasgos del pensamiento ejecutivo se revelan a través de esa crítica constante de la existencia, no atreviéndose a modificar lo que se nos aparece como cierto, pues muchos de los «semidioses» siguen pensando que cualquier tiempo pasado fue mejor.

Te acabo de describir 10 síntomas, casi como los mandamientos divinos —¡vaya casualidad!— para hacerte estacionar y reflexionar sobre el modelo de pensamiento para afrontar los desafíos de los tiempos presentes y poder alcanzar la «buena vida laboral». ¿Ya estás con los intermitentes puestos? No sé a qué esperas.

3

LOS RASGOS DE LA
ACTITUD FILOSÓFICA

Querido director general:

Los rasgos de la actitud filosófica configuran el método de pensamiento necesario para comprender, conocer y actuar frente a los desafíos de los tiempos presentes y alcanzar la «buena vida laboral», pues todos ellos se encuentran latentes, en potencia, y en la naturaleza del ser humano; son siempre relativos al sujeto y permiten no solo el conocimiento de la realidad, sino una nueva forma de ser y estar en el mundo, y una manera de comportarse, siendo el motor primero la curiosidad, que será la condición necesaria y suficiente para activar un nuevo modelo de pensamiento filosófico de la realidad. Muchos de los rasgos de la actitud filosófica se han presentado como vulnerabilidades que nos hacen débiles frente al pensamiento ejecutivo; sin embargo, como espero poder convencerte a través de estas cartas, son todo lo contrario, y te ayudarán a articular y a descubrir la esencia del «para qué» sirve el trabajo y cómo encontrar un propósito de vida, y equilibrar una existencia enredada en la individualidad, llena de más filtros de transparencia de los que nos gustaría.

La actitud filosófica siempre es relativa al sujeto, y no tanto al objeto de nuestro conocimiento; sin embargo, estos rasgos tienen que modificar la forma de comprender, aprehender, ajustarnos y comportarnos en esta realidad real y virtual. Así también, tienen carácter reflexivo, que significa que las acciones que se realizan son recibidas por otro sujeto y constituyen el horizonte para abrazar la realidad, y para relacionarse con uno mismo y con otros, y solo pueden darse en ese orden, pues nadie que no sea capaz de comprenderse a sí mismo en su totalidad, sus mitos o sesgos, será capaz de empatizar con otros sujetos, con sus vulnerabilidades y prejuicios.

Por otro lado, todos los rasgos de la actitud filosófica deben ejercitarse en el territorio del justo medio, y ahora quiero que te preguntes: «¿Por qué son tan difíciles de seguir las virtudes filosóficas?». Seguramente porque están en ese oscuro territorio de «lo del medio», que se destruye por el exceso o defecto. Este marco de pensamiento filosófico permite el equilibrio en la exploración de la realidad física y virtual, dando sentido y significado ético a la existencia: un VER-DESDE-FUERA, para identificar mejor todos los caminos posibles, lo que nivela nuestro SER-AHÍ con el SER-EN-TODAS-PARTES que otorga el mundo virtual. Con todos estos rasgos que te presentaré en la próxima correspondencia, pretendo abordar el nuevo escenario de realidad generado por la tecnología como sexto sentido y por los jóvenes con efecto Copérnico y, quizá, como quiero que vayas tú descubriendo sin decírtelo yo de forma clara y directa, hayan cambiado los accidentes y no la propia esencia de nuestra existencia, sin que apenas te hayas dado cuenta.

Una cuestión que genera bastantes desacuerdos y debates a lo largo de la historia de la filosofía, e igualmente en la sociedad y la empresa, es sobre si estas características o competencias son innatas o se pueden adquirir por el hábito. Y, en este punto, recojo lo mejor de los dos modelos habituales de pensamiento: los rasgos de la actitud filosófica pertenecen a la esencia del ser humano, se encuentran latentes y es solo, en la interacción con el otro, con la dirección que indica la ética y la fuerza del liderazgo, que pueden ser llevados al acto, a manifestarse, siendo la curiosidad el motor primero que activa todos los demás.

A continuación, déjame describirte cuáles he identificado y configuran el marco de pensamiento filosófico que nos permitirán alcanzar la «buena vida laboral»: la curiosidad, la amistad, saber estacionar para cuestionarse, la creatividad, la ejemplaridad, la humildad, ser radical y, por último, la voluntad. El primero de la lista, estoy segura que te ha sorprendido, porque la maravilla de la mirada filosófica no es que te indique lo que tienes que hacer o cómo ser y estar en el mundo, sino que, gracias al rasgo de la «curiosidad», te permite estar alerta y poder descubrir siempre la novedad. Todos los rasgos de la actitud filosófica se tienen que dar de forma conjunta, aunque no siempre con la misma intensidad.

El marco de pensamiento filosófico que te propongo se aleja del halo de misticismo y humanismo *light* que lo entierran en el territorio teórico y del paternalismo, que lo apartan de la acción terrenal en la que se fundó esta disciplina, en el ágora. No te sorprendas: no es que esté totalmente en contra de estas corrientes, sin embargo, tengo como objetivo, a través de estas cartas, llevar a la filosofía de nuevo al campo de batalla, al combate enérgico y no enrevesado de la empresa, pues ante los desafíos de los tiempos presentes, no se imponen largos discursos ni un detenimiento ascético ni demasiado trascendental ni una mirada errática al pasado que se queda anclada, en unos valores tradicionales como el de «lealtad», que quizá nunca fueron tan esencialmente «buenos» como algunos quisieron hacernos creer.

El pensamiento filosófico desde Sócrates, y mira que ya han transcurrido unos cuantos siglos, no puede ser enseñado de manera tradicional; adiós a la idea que estabas pensando de pedirle a la inteligencia artificial que te hiciera un resumen con «alta temperatura» de estas cartas, pues espero que mi mensaje solo pueda ser adquirido mediante el descubrimiento y el asombro, que lleva al despertar, a la exploración, a ese estacionarse necesario para el diálogo que significa un abrirse y cuestionar lo que se aparece como cierto.

Las redes sociales se ocupan de entretener a la sociedad y no permiten estacionarse a pensar; monitorizan y nos mantienen en un mirar a una realidad que no demanda más intervención que nuestro *like*. Quiero que pienses que cada vez es más difícil lograr nuestra atención y no me estoy refiriendo solo a los jóvenes con efecto Copérnico; es el efecto de aburrimiento que proporciona la novedad constante y, para no entrar en el bucle de la realidad deslizada, es imprescindible el pensamiento filosófico frente al ejecutivo. Una de las grandes paradojas que se producen ante los desafíos de los tiempos presentes, son las diferentes posibilidades que te ofrece la realidad física y la virtual. En esta última, la transparencia, con la velocidad e inmediatez de todo lo que se nos aparece, choca de frente con lo que sucede en el otro mundo, y esto nos produce una cierta esquizofrenia, junto con la disociación de lo que se nos muestra como cierto y real.

La actitud filosófica te puede llegar a mostrar no ya tanto ese destino que queremos alcanzar, sino el recorrido o trayecto que tienes que realizar para llegar a él; no conocerlo parece darnos algo de libertad de movimiento y apatía, sin embargo, ser conscientes de lo que podemos saber gracias a la inteligencia artificial, es como hacernos ser capaces de recordar el futuro, que seguro que es cognoscible, aunque no lo visualicemos todavía.

4

LA CURIOSIDAD COMO MOTOR PRIMERO

Querido director general:

Todos los rasgos de la actitud filosófica se encuentran en potencia en la naturaleza del ser humano; sin embargo, no se manifiestan de la misma forma ni con igual intensidad. La curiosidad es el primer motor que activa el movimiento y desarrollo del resto, y provoca la acción, como cualquier objeto de deseo, mediante la atracción. Da la perspectiva de ser un horizonte que ayuda a vislumbrar los desafíos de los tiempos presentes, con la tecnología como sexto sentido del ser humano, y despierta el interés ante lo nuevo, que no conoce o no comprende, como es el caso de los jóvenes con efecto Copérnico. La curiosidad es, a la vez, causa final de nuestro modo de ser y estar en el mundo e, igualmente, causa eficiente: la primera porque activa el resto de los rasgos latentes y la segunda, en tanto que todo se pone en movimiento en virtud de ella, de modo que se configura como el primer motor, único y necesario para desplazarnos en la dirección adecuada. Todo tiene que tener un principio, y casi siempre una sola causa, aunque parezcan muchas y, a pesar de que no todos los inicios o comienzos habitualmente tengan un final concreto o determinado, sí tienen un destino o propósito de existencia o de vida.

La condición necesaria y suficiente de la actitud filosófica, además de ser el origen de cualquier acto, es la curiosidad, pues implica una primera postura de nuestro cuerpo y mente ante la realidad y, posteriormente, una acción. Y esta última es la que tiene que tener dirección, el estrecho camino de la ética entre los senderos irregulares e inciertos de lo bueno y lo malo, lo justo y lo injusto y, sobre todo, el provocador escenario de lo verdadero o falso, pues la inteligencia artificial ahora ya puede engañar, de manera fácil y recurrente, a nuestros sentidos. La curiosidad es el primer rasgo de la actitud filosófica para poder enfrentarse a los desafíos de los tiempos presentes y poder alcanzar la «buena vida laboral», ese ávido deseo de saber, pues te inclina a enterarte de cosas ajenas, a aprender lo que no conoces sacándote de la indiferencia; sinónimo de «fisgón», «entrometido», «entremetido», «cotilla», «indiscreto», «intruso», «impertinente», «preguntón», «pesquisón»... Es la que proporciona las posibilidades de conocer lo desconocido o, por lo menos, de atreverse a ello, frente a los horadados y calculados caminos del algoritmo.

Toda esta serie de cartas sobre los rasgos filosóficos tienen como objetivo que descubras su latencia y la importancia de llevarlos de la potencia al acto, tanto en un ejercicio de autorreflexión como también de empujarlos a través del ejemplo en las personas, pues en eso consiste la verdadera naturaleza del liderazgo: en ser la fuerza que impulse su llegar a ser en los demás.

La curiosidad como rasgo y motor primero de la actitud filosófica, posee algunos efectos que te ayudarán a identificarla y te conducirán del pensamiento ejecutivo al filosófico, y son siempre relativos tanto al sujeto como al objeto de conocimiento. Te habilitan para una experiencia de vida con la constante del movimiento y el cambio perpetuo que quizás no estés acostumbrado. La búsqueda de lo estático frente a lo que todo fluye había sido un anhelo tanto en el mundo de la empresa como en casi todas las doctrinas filosóficas; «el ser», lo que permanece, siempre era más cómodo. Lo inmóvil da una falsa seguridad, pero no hay nada a nuestro alrededor, ni en la naturaleza que así lo sea, ni siquiera lo repetitivo, así como el fenómeno del día o la noche no tienen siempre la misma duración. Este rasgo te permite estar siempre en estado de alerta y exige un estacionarse con luces intermitentes no solo para conocer otras nuevas realidades, sino también para percibir cómo debe ser nuestro comportamiento frente a lo que se nos aparece como cierto, justo o verdadero. Significa no solo saber adaptarse al cambio constante, sino hacerlo con buen ánimo y con la firme creencia y conocimiento que nos llevará al equilibrio de la exploración.

Hay un error frecuente y es el hecho de pensar que el movimiento es lo mismo que dejarse llevar por la sucesión aparentemente incierta de acontecimientos, así como una hoja se cae de un árbol al lado de un río, flota y se arrastra sin más dirección que la de una determinada corriente; este, definitivamente, no es el movimiento que se persigue con la filosofía. El ser humano, frente a los desafíos de los tiempos presentes, tiene que despertar el deseo de no dejarse arrastrar, sino de averiguar, de descubrir, de explorar suspendiendo el juicio ético de forma momentánea para un mirar con asombro el devenir que lo predisponga a tener curiosidad sobre la tecnología como sexto sentido, ese desdoble de la realidad tradicional que nos acaba convirtiendo nuestro SER-AHÍ en un SER-EN-TODAS-PARTES.

La reciente aparición de la inteligencia artificial ha provocado un cambio sustancial en la capacidad de asombro del ser humano, y en esta sociedad enredada y entretenida tendemos a adormecernos en un estado de observación que es justo todo lo contrario a la curiosidad, en lugar de activar un estado constante de alerta permanente. Es la extrañeza de una realidad mediada por la tecnología como sexto sentido y los jóvenes con efecto Copérnico, lo que nos tiene que obligar a pensar en soluciones extremas, radicales y distintas. Para asombrarse, los seres humanos tienen que espabilar, pues la curiosidad nunca mató al gato, sino justo todo lo contrario: nos sacude y nos despierta de ese sueño aparente del mundo de los fenómenos que parecen no cambiar.

5

DE LA AMISTAD COMO UNA DE LAS FORMAS MÁS ELEVADAS DE RELACIÓN HUMANA

Querido director general:

Si bien mi primera carta sobre los rasgos de la actitud filosófica fue sobre la «curiosidad», para que se den o surja el pensamiento filosófico, la «amistad» es igualmente condición básica para producir ese cambio en el modo de ser y de estar en el mundo: ese dar sin recibir nada a cambio, ese mirar a la persona sin ser un medio ni un recurso, tan solo como un fin en sí misma, con sus defectos, sus vulnerabilidades, de las que es tan fácil aprovecharse desde un interés individual. La «amistad» conlleva, de forma intrínseca, muchas señales, como son la cercanía, ese mirar pausado, desde la confianza, un diálogo, una reciprocidad en la que el tono de voz, virtual o presencial, es tan importante como el mensaje; un respeto que observa a los seres humanos desde un VER-DESDE-FUERA, que nos descubre no el «estar», sino la propia esencia: su SER-AHÍ y su SER-EN-TODAS-PARTES. Me pregunto, muchas veces, por qué este rasgo nunca ha estado de moda entre las competencias de las empresas; creo que siempre se ha relegado del mundo profesional porque nos muestra «blanditos», «débiles», casi como «tontos», en una realidad que parecía estar hecha más para máquinas que para seres humanos, con sus torpes cincos sentidos y, sin embargo, serán esos sentimientos los que determinarán el rumbo de todo nuestro devenir y nos permitirán alcanzar la «buena vida laboral». El extremo de la amistad seria la «lealtad», un término que justifica y oculta los medios, no siempre buenos, y que tantos problemas ha causado a lo largo de toda la historia. En la parte opuesta se encontraría ese paternalismo de un mirar desde arriba que no permite a las personas actuar con autonomía, libertad y responsabilidad.

En unos tiempos presentes en los que el *like* parece convertirse en sinónimo de integración social, reivindico más que nunca este rasgo filosófico, que va más allá del escueto beneficio individual y nos sitúa definitivamente en la órbita de lo social pues, en el mundo real o virtual, es donde se llevan a cabo todas nuestras interacciones. La «amistad» es mucho más que una postura ante lo que se nos viene dado por los sentidos; siempre mira más allá y a los lados de un interés individual y a corto plazo. Esta siempre modifica, de forma radical, nuestra existencia, pues los amigos —qué gran palabra llena de sentido y significado y que tampoco se practica en tu mundo de la caverna empresarial— deben construir la base de la finalidad de mis cartas: «buena vida laboral». El aceptar a una persona como realmente es, con sus virtudes y defectos, con sus filtros, debería ser una condición necesaria no solo ya para trabajar, sino para vivir en sociedad, pues ni la razón ni la inteligencia artificial nos dirán que es algo que me merece la pena, pues con la amistad se sufre, causa dolor, pero, en el fondo, da una satisfacción tan plena que quien la experimenta pocas veces puede prescindir de este rasgo. Su sentido y significado hace referencia a una unión tan fuerte que, frente a conceptos como «compromiso» y «propósito», estos se nos quedan muy cortos y vacios.

La «amistad» puede interpretarse como 'inclinación', 'afecto', 'apetito', 'pasión', 'aspiración'..., pero siempre es una propiedad en relación con el otro, para la que el sujeto debe estar dispuesto. Los desafíos de los tiempos presentes, junto con el cuestionamiento de la naturaleza del trabajo y del liderazgo, hacen necesario volver a recuperar este concepto, que permite una experiencia de vida compartida, un invitar a conocer al otro en sus muchas otras realidades y también como expectativa de conocimiento del mundo. Siempre nos abre a un mundo de posibilidad, más amplio y generoso, y es el necesario pegamento entre lo personal y lo profesional que permite alcanzar la «buena vida laboral».

«Yo no he venido aquí para hacer amigos», era una de las frases que más había escuchado en el mundo de la oscura caverna empresarial, como si la amistad fuera mala y, sin embargo, es todo lo contrario, pues significa ese potente impulso que facilita la cooperación y la consecución de los resultados. El ser humano se sigue guiando por sus dos instintos básicos, el amor y el odio, en las relaciones humanas que se producían en las empresas y, además, era sorprendente comprobar cómo el éxito de un proyecto o de una negociación seguía dependiendo de estas dos fuerzas. La «amistad» está relacionada con el cuidado, con la generosidad, y debe configurar la condición necesaria y suficiente para poder no solo vivir en sociedad, sino ser y estar plenamente en el mundo de la empresa.

Quiero que reflexiones, a partir de estas cartas, sobre la necesidad de implantar no solo en las cavernas empresariales, sino también en la sociedad, una nueva cultura basada en la amistad y, además, decirte que esta no tiene forma ni fondo de círculo (forma cerrada) ni de corazón, sino todo lo contrario. Este rasgo de la actitud filosófica te permitirá conocer al ser humano en toda su plenitud personal y profesional, hecho de virtudes pero, sobre todo, de grandes defectos que, por el espejo del ego de muchos semidioses, son incapaces de ver reflejadas. Mantener la distancia no nos implica emocionalmente y siempre nos resulta más fácil; menor roce es sinónimo de menor sufrimiento, pues lo particular e individual siempre implica el esfuerzo de focalizarse en lo diferente. Los dos grandes desafíos de los tiempos presentes que te contaré en mis próximas cartas: la tecnología como sexto sentido y los jóvenes con efecto Copérnico, cambiaron ya para siempre el concepto de «amistad» y lo arrastran del mundo virtual al presencial. Las redes ofrecen de manera casi inmediata cientos de «amigos», y las nuevas generaciones buscan ese cariño, cuidado y cercanía que otorga este rasgo y al que no están preparadas ni las empresas ni, por supuesto, esos «semidioses», que hicieron de la separación de lo profesional y lo personal, una de las grandes armas de su poder.

Se confía en alguien o en alguna circunstancia cuando se la conoce plenamente, que implica no tener dudas sobre cómo va a reaccionar, sobre todo ante la incertidumbre y los imprevistos. No existen dobleces ni cargos; es un querer en la esencia del comportamiento y el modo de ser y estar en el mundo, y eso significa la «amistad». Por ello, te hago reflexionar sobre la importancia suprema de volver a recuperar este concepto para el mundo de las cavernas empresariales y la sociedad, e implica unir el mundo personal y el profesional, siendo la condición necesaria no solo para conocer el devenir de los tiempos presentes y futuros, sino sobre todo esencial para la comprensión y la interacción con la realidad y así poder alcanzar «buena vida laboral». Nos despierta la emoción ante los fracasos, generándonos una confianza en el otro, a medio y largo plazo, que el pensamiento ejecutivo penaliza por su no rentabilidad a corto. Al igual que otros rasgos de la actitud filosófica, este lleva necesariamente implícito la reciprocidad; no es individual, sino social: se da y tiene lugar primero en uno mismo pero, luego, en el otro, como condición de posibilidad.

La «amistad», como reza el título de esta carta, es una de las formas más elevadas de las relaciones humanas; por ello, dar sin recibir nada a cambio, por el placer de dar, nunca sublima más al otro sujeto, tanto como a uno mismo. Y finalizo preguntándote: «¿Cuántos amigos de verdad tienes en el trabajo?».

6

DE LA NECESIDAD DE ESTACIONAR PARA CUESTIONARSE

Querido director general:

La actitud filosófica frente al pensamiento ejecutivo implica no ya un detenerse, sino un estacionarse para poder ver con más claridad, y desde la distancia, los desafíos de los tiempos presentes. La actitud contemplativa, teórica, ha alejado a la filosofía de la vida práctica, enredándola en unos vericuetos sobre el sentido y significado del lenguaje que nunca fueron propios de esta disciplina; sin embargo, te propongo un término medio en la aparente y acelerada realidad entre la contemplación y la ejecución: el estacionamiento.

Este rasgo te permite un VER-DESDE-FUERA, un visitar la existencia con una fisonomía diferente a la de nuestro legado y sentidos, con una apertura distinta, y no necesariamente adscrita a un tiempo y lugar preciso. «Estacionarse» significa un 'no pasar de largo lugares donde hay dificultades escondidas', lo que permite incorporar nuevas variables de pensamiento, aun cuando no sean perceptibles a quienes, en el transcurso del acontecer, se enzarzan en los detalles. Solo si tienes curiosidad, es posible detenerse; por ese motivo, ese rasgo es el motor primero, y ese pararse momentáneamente con luces intermitentes es lo que te permitirá cuestionarte lo que se nos aparece como real, justo, bueno y verdadero.

Con la llegada de la inteligencia artificial, se ha recuperado la necesidad del pensamiento crítico, ese tener criterio y dudar sobre la realidad que se nos muestra ante el sexto sentido de la tecnología. El pensamiento ejecutivo te lleva a una mirada continua hacia el pasado más o menos estable que te da seguridad, pero no certezas y, con la velocidad acelerada de los tiempos presentes, la ejecución sin descanso provoca que el detenerse a mirar esté mal visto. Quiero reivindicar la necesidad de estacionarse; ese observar, ver, presenciar, apreciar, examinar, admirar, atender, considerar, reflexionar y meditar, que tiene que emerger como condición de posibilidad para una vida plena en los tiempos presentes. La pausa es necesaria para la comprensión y la acción en el sentido correcto. Mucho de lo que se nos muestra como incierto es el resultado de una mirada al suelo y con exceso de celo en los detalles de una realidad que es mucho más amplia y, aunque muchas veces nos caemos por no mirar a la superficie, la mayoría es porque no comprendemos las circunstancias en un sentido más amplio del territorio que pisamos.

Una de las grandes paradojas que se te van a plantear respecto a este rasgo de la actitud filosófica es que parece contradictorio este detenerse con la aparente velocidad de los cambios y, sin embargo, es absolutamente necesario para poder tener una visión mucho más completa de todas las variables que podemos encontrarnos en el devenir de la incertidumbre, las mariposas y los cisnes negros (si sólo conoces el sentido literal de estos pequeños animales, te descubriré en mis cartas, un nuevo significado).

Estacionarse favorece el «pensamiento crítico», y este consiste, fundamentalmente, en la facultad de conocer lo que se nos aparece, haciéndonos dudar de lo que se nos muestra como verdadero y real. Cuestionar no es negar, sino que implica esa curiosidad por pensar que la realidad que se nos presenta como cierta, pueda ser de otra manera. Con la aparición de la tecnología como sexto sentido y los jóvenes con efecto Copérnico, es necesario el estacionar intermitente de la duda, pues no es posible conocer el mundo sin un previo examen de los fundamentos del conocimiento. Por otro lado, respecto a la dirección de la acción que nos marca la ética, para comprender el sentido, el significado y los dilemas de la toma de decisiones, sin la capacidad de estacionarse, actuaremos en un beneficio individual, en un fin que justifica los medios, frente a un cómo nos deberíamos comportar. Este rasgo de la actitud filosófica nos permite reflexionar sobre la base de nuestras creencias, de aquello que nos parece inamovible y, sin embargo, puede que no sea cierto. Este detenerse momentáneo permite alumbrar, con faros intermitentes, aquellas zonas sombrías de lo real, o de lo que quizá desconocíamos que estuviera presente o virtualmente.

«Estacionar» implica tener templanza, una de las virtudes cardinales aristotélicas que tampoco está de moda ni en las empresas ni en la sociedad; sin embargo, esta es la fuerza que nos dirige la acción y la toma de decisiones y se sitúa justo enfrente de la arrogancia, la prepotencia, la falta de límites y el exceso. Cuando se ejecuta sin descanso y sin dirección, se produce habitualmente una ceguera que da lugar al extravío, que no solo significa no saber dónde están las cosas, sino un efecto peor, y es el de hacer que alguien se equivoque o se pierda, y hay muchos «ejecutivos» en las empresas trabajando sin descanso, pero también sin rumbo, y no solo provoca que los demás estén desencaminados, sino que, además, confundan la naturaleza, el sentido y significado de su trabajo. Tener templanza no significa no actuar, sino el hacerlo sin la tiranía de las opiniones ni del pasado; en definitiva, obrar con criterio y teniendo en cuenta la amistad como una de las formas más elevadas de la relación humana.

Este rasgo de la actitud filosófica fomenta el pensamiento crítico (paradójicamente, pues en la mayoría de las empresas no es bien recibido), enseñando a cuestionar con criterio, ayudando a saber preguntar, frente a la inteligencia artificial que, de momento, no se debate y, sin embargo, tiene siempre las respuestas; eso sí, funciona muy rápido y, en términos generales, muy acertadamente. «Estacionarse» no solo sirve para ayudar a pensar, sino para actuar con el foco de la ética por encima de la gloria o ambición individual, con sentido de la justicia y llevando la transparencia al terreno de juego. Saber hacer preguntas no siempre ofrece respuestas, pero sí cuestiona la «aparente» buena dirección y, frente a la inteligencia artificial, enseña a pensar más allá de dar respuestas.

«Estacionarse» contribuye a espabilar y la actitud filosófica surge necesariamente después de enfoques psicológicos y empresariales que no son suficientes para dar respuesta o encontrar la dirección ética, porque cualquier método de razonamiento, independientemente de las grandes teorías, estaba basado en el principio de asombro o extrañeza ante el aparecer simple de las cosas que suceden, así como en el diálogo. Era necesario aplicar los rasgos de la actitud filosófica, ese dudar sobre todo lo establecido, que desde los inicios había acompañado a esta disciplina; «solo sé que no sé nada», decía Sócrates, aplicando el principio de humildad aplastante y necesario para alcanzar la buena vida laboral y desafiar a los aparentes e inciertos tiempos presentes.

El saber discernir, o tener criterio, se ha convertido o tendrá que hacerlo, en la competencia estrella en las cavernas empresariales. Y te preguntarás qué significa «tener criterio», esa habilidad para distinguir entre lo bueno y lo malo, lo justo o lo injusto pero, sobre todo, y más en nuestros tiempos presentes, entre lo verdadero y lo falso, y no tiene nada que ver con el juicio individual, con la apariencia de las cosas, sino con la capacidad para determinar lo verdadero, con el grado de veracidad universal a partir de las diferentes fuentes de conocimiento. Y, ahora, quiero que hagas un ejercicio de reflexión e introspección, para que seas consciente de a través de qué medios y personas te vienen dadas las «verdades» en base a las cuales tomas decisiones importantes. No hace falta ser muy listo ni tan siquiera filósofo para saber que actuamos, en primer lugar, en relación a la experiencia de lo que hemos vivido en el pasado, y nuestros sesgos; en segundo lugar, de quienes nos rodean en nuestro entorno más cercano que, si lo piensas bien, no tiene mucha validez, ya que tendemos a juntarnos con personas con opiniones similares a las nuestras. El criterio es el sentido por el cual distinguimos entre la verdad y el error, entre lo real e irreal y, en tiempos de inteligencia artificial generativa, nos da una gran ventaja; por ejemplo, ¿cómo fiarse de los resultados o de las predicciones realizadas por un ente no humano o avatar? Solo se puede discernir con criterio, con conocimiento, no siempre con opiniones fundadas en una experiencia de un pesado legado que ya dejó de existir.

«Estacionarse» da tiempo para pensar, para dudar, para entretenernos siendo provocadores, más allá que observadores de la realidad dual. ¿Te atreves a probar este nuevo modo de «ser» y «estar» en el mundo?

7

DEL ARTE DE LA CREATIVIDAD

Querido director general:

Seguro que, después de leer el título de esta carta, pienses —con esta acción estaré feliz, al estar cumpliendo uno de los objetivos de esta correspondencia—, que la «creatividad» nunca fue verdaderamente relevante en la caverna empresarial o, por lo menos, no para la gran mayoría de las personas; sin embargo, desde la aparición de la inteligencia artificial, parece que este rasgo de la actitud filosófica es uno de los que nos diferencia como especie y seres humanos.

¿Te has preguntado de dónde surge la «creatividad»? O, quizá, ¿por qué hay unas personas más creativas que otras, o profesiones que aparentemente demandan más este rasgo? Como te comentaré durante esta correspondencia asíncrona, los desafíos de los tiempos presentes la imponen para poder aportar un valor extra a la realidad, y a nuestra manera de contribuir y comprender el mundo. Al igual que todos los rasgos de la actitud filosófica, la «creatividad» pertenece a la naturaleza del ser humano; la tenemos todos en potencia y, gracias al impulso de la curiosidad y la fuerza del liderazgo, nos permiten llevarla al acto. Para poder abordar la realidad con espíritu fresco, y frente a la cuadriculada inteligencia artificial, nos posibilita el establecer relaciones y conexiones inesperadas; lo imprevisible y no previsto serán la base del éxito, ante su rutina replicativa y basada en patrones de información almacenada.

La «creatividad» tiene distintas acepciones. Por un lado, es la 'capacidad de producir algo nuevo', que no solo significa que no existiera, sino sobre todo que, desde el pensamiento ejecutivo, no tuviéramos la manera de verlo, por la imposibilidad de estacionar y cuestionarnos lo que se nos daba por cierto. A lo largo de toda la historia, los descubrimientos no siempre surgieron de manera lógica, sino muchas veces ilógica, en escenarios absolutamente divergentes y de manera un tanto acrobática. Este rasgo implica un cierto atrevimiento y valentía, que solo es posible con el pensamiento crítico de lo que se nos aparece como cierto, pues dar comienzo a algo nuevo o distinto provoca, de manera inmediata, un cambio que nos lleva a rutas recónditas, no transitadas antes; en definitiva, ese situarnos ante pensamientos insólitos.

Con los desafíos de los tiempos presentes, para comprender la realidad de lo que sucede y el comportamiento de las personas, y examinar un mundo real y virtual al mismo tiempo, necesitamos potenciar este rasgo, que nos lleva a una mirada nueva, donde lo imposible puede llegar a convertirse en posible, gracias al VER-DESDE-FUERA del pensamiento filosófico. Espero que ya seas consciente de que nunca hay que limitarse a lo observable, el mundo de los datos y fenómenos, ni tan siquiera de lo predecible; ahí encontraremos ese espacio donde la naturaleza humana todavía tendrá una oportunidad frente a los algoritmos.

El territorio de lo inaccesible pertenece por completo al de la «creatividad» y está relacionado con lo mágico, con lo que despierta la curiosidad, y nos conduce, con la trayectoria de la voluntad, a un destino ético; sin embargo, desde el mundo educativo, y el de la empresa, hay algunos profesores y «semidioses» que se encargan de disipar las ilusiones de la imaginación en beneficio del pasado o de las formas perfectas y excelentes de la copia o réplica del mundo. Recuerda por un momento cuando eras pequeño y hacías un dibujo casi siempre, y salvo algunas personas que tenían cierta habilidad para plasmar tal cual la realidad, te decían que no era bueno o bonito, o estaba mal hecho (acuérdate siempre al escuchar los grandes conceptos de la dirección que marca la ética), simplemente porque no reflejaba tal cual lo que se nos aparecía a través de los cinco sentidos; sin embargo, esa interpretación diferente de lo que se nos muestra es la que ha dado lugar a lo largo de toda la historia, a los grandes cambios e innovaciones, y se llama «creatividad». El preguntarse por qué no pueden ser o hacerse las cosas de distinta forma constituye la esencia de este rasgo filosófico y, en ese trayecto de llevar imposibles a posibles, nos empujará radicalmente la tecnología como sexto sentido a través del pensamiento filosófico.

Para el resurgir de la «creatividad», rasgo que todas las personas llevamos latente, es necesario cultivar, desde los entornos educativos, lo primero un no rechazo a ver la realidad de lo que se nos aparece y no siempre es homogénea; de la misma manera, y en segundo lugar, impulsar la mezcla de conocimientos, en lugar de la especialización, pues su desarrollo se apoya en ese pensamiento lateral que nos hace unir dos áreas que solo en apariencia no tienen nada que ver. Los grandes descubrimientos, en muchas ocasiones, se han producido en un azar de la exploración o por un imprevisto que alteraba lo previsible y razonable, ese salirse de los límites o, al menos, cuestionarlos.

Por último, quería hablarte de un concepto muy importante, del que todavía no lo había hecho y que está directamente relacionado con el rasgo filosófico de la creatividad, y es la «intuición» que, más allá de esa capacidad casi mágica que nos hace interpretar lo que se nos aparece o pueda hacerlo de una forma determinada y sin mucho razonamiento, yo lo considero como una consecuencia del estacionamiento que proporciona el pensamiento filosófico frente al ejecutivo. Ese saber y no conocer muy bien por qué las causas ni las consecuencias es el resultado de la curiosidad, del pensamiento crítico y, sobre todo, de la creatividad entendida como ese unir dos cosas aparentemente distintas, que nunca se dieron juntas y, sin embargo, podrían funcionar y convertir lo imposible en posible, y además será muy rentable, para que tomes nota. La «intuición» está basada en nuestros cinco sentidos y tiene también como base el conocimiento y, por supuesto, los datos y, a la vez, ejercerla da una tremenda satisfacción al ser humano, como una especie de superpoder.

La «creatividad», al igual que todos los rasgos de la actitud filosófica, solo podrá ser llevada de la potencia al acto mediante el ejemplo, no a través de cursos de formación, y la «ejemplaridad» será el cuarto rasgo de la actitud filosófica que te presentaré en la siguiente carta. ¿Tienes ya alguna intuición de cómo alcanzar la «buena vida laboral»?

8

DEL ESPÍRITU DE LA EJEMPLARIDAD

Querido director general:

Este rasgo es muy diferente al resto, pues supone la condición de posibilidad, no ya solamente para conocer la realidad, sino para poder llevar al acto todos los rasgos de la actitud filosófica, y esto solo se puede hacer a través del ejemplo. Si te preguntas «¿cómo se aprende un hábito o cómo es posible que se contagie en otras personas?», ya tienes una respuesta, y no es mediante cursos. A pesar de las grandes metodologías de aprendizaje y adquisición de conocimiento, y de todas las estrategias innovadoras de formación, es imposible que una acción traspase las fronteras de lo adquirido hacia un hábito repetitivo, esperado y deseado, a no ser que se muestre día a día a través del ejemplo, pues este es un decir sin ser significado, un dar sentido a la trayectoria de acción más que un final del destino.

La necesidad de la ejemplaridad se ha vuelto imprescindible en la sociedad y en las cavernas empresariales porque la inteligencia artificial replica, sin ser muy creativa de momento, aquellos comportamientos y patrones de información y conocimiento —así que, «semidioses» del universo, cuidado con el ejemplo que estáis dando a la inteligencia artificial—. El poder es una fuerza no necesariamente ética que impulsa el movimiento mediante la coacción, sin embargo, la autoridad va ligada a algo más elegante que deja el rastro, el impacto y la necesaria influencia para poder ser seguido con compromiso, ilusión, pasión y muchas «ganas». El ejemplo nunca debe servir para formar, sino para algo que cambie el ser y estar de las personas, para de-formar y trans-formar, dos prefijos que provocan un ir más allá de nuestra existencia. Además, tiene que alterar el comportamiento en la dirección de lo bueno, lo justo y lo verdadero; en definitiva, en el sentido de la ética. Cualquier transformación es algo más trascendental, de mucha importancia o gravedad por la consecuencia de la acción y clave para alcanzar la «buena vida laboral».

Con los nuevos desafíos de los tiempos presentes, la tecnología como sexto sentido y los jóvenes con efecto Copérnico, se hace más necesario que nunca este rasgo de la actitud filosófica, que supone ser un segundo motor. Aunque no te lo creas, no solo los «semidioses» tenéis la capacidad de ser ejemplo; cualquier persona, en su ámbito de responsabilidad, y me da igual que sea fregar escaleras como dirigir 10 consejos de administración, es responsable de transmitir a otros, mediante su comportamiento, no solo el cómo se hacen las cosas, sino sobre todo el cómo se deberían hacer. Y aquí quiero que te acuerdes de mi carta sobre la «amistad»; esa forma excelsa de relación humana, que no siempre nos recompensa con beneficios individuales ni tan siquiera inmediatos, pero que es la base de las relaciones humanas.

El paso de los años disipa la ilusión de las grandes consignas y mensajes, con un lenguaje vacío de significado y sentido que otorga más imposición de una comunicación estandarizada que a favor de la credibilidad. Por si no te has dado cuenta todavía, esta última se obtiene solamente con tres conceptos: «autenticidad», «libertad» y «coherencia». Y, aunque si bien es cierto que la actual sociedad tiene muchos defectos, la ejemplaridad concede uno de forma inmediata, una coherencia ligada al efecto de la transparencia de la tecnología; por este motivo, es más difícil ocultarse en las sombras presenciales con la escasa luz de la caverna empresarial, pues los jóvenes con efecto Copérnico llevan de serie un candil muy grande: el de su osadía y valentía de cuestionar lo que se les aparece como cierto.

Con la ejemplaridad, no se trata de obtener el aplauso fácil pues, aunque este deleite sea placentero en sí mismo, lo que tiene que llevar de la potencia al acto a este rasgo siempre es el intento por conseguir la «buena vida laboral» para uno mismo y para los demás, que espero que no se te haya olvidado que es el objetivo de esta correspondencia, y que no solo te permitirá obtener la gloria individual, sino sobre todo tener un impacto positivo en las personas y en la sociedad.

Quisiera con esta carta hacerte consciente de la importancia de tu comportamiento, tus acciones, tu lenguaje, tus gestos y tono de voz y lo que transmites a través de las redes sociales, para no solo preocuparte, sino ocuparte y estacionarte al menos con esta breve reflexión. Si solo somos ejemplo de queja constante, tendrás su reflejo, así como de síntomas como la apatía, o la falta de innovación o no saber delegar; todo vuelve de la misma manera, o quizá con más fuerza, como consecuencia de la tecnología como sexto sentido y, además, con efecto bumerán. Lo que lanzas se recibe más fuerte, pues llega con la inercia de lo que se considera «bien ejecutado». ¿Adviertes ya el sentido ético de todas tus acciones?

9

DE LA DIFÍCIL PRÁCTICA
DE LA HUMILDAD

Querido director general:

Aunque te hubiera contado en alguna de las cartas que los rasgos de la actitud filosófica no pertenecen al *ethos,* carácter o psique del ser humano, quizá la «humildad» sí tiene algunos tintes que la acercan mucho a ser una señal de la personalidad. La actitud filosófica, si recuerdas, se aleja o quiere distanciarse de los aspectos individuales para ser en plenitud social, pues solo se da respecto al otro; por ese motivo, se diferencia de otras disciplinas científicas: buscando no solo un fin personal, sino uno más grande y respecto a los demás. La «humildad» siempre está asociada a cierta vulnerabilidad; a ese rasgo del que, solo en una apariencia del pasado pegajoso, nos muestra como débiles, de quienes visibilizan con mucha transparencia su flanco fácil de ataque. Los seres humanos que asumen los fracasos y los hacen públicos parecen estar ajenos a una sociedad *entretenida* en el postureo y éxito relativamente fácil y duradero; sin embargo, es todo lo contrario pues, aunque sea una de las características del pensamiento filosófico que más escuece, no solo por ser, sino más por ser mostrado, revela de forma directa la autenticidad de las personas. Porque el propio conocimiento de nuestras limitaciones y el obrar conforme a ello nunca pueden hacer al ser humano débil, sino todo lo contrario.

Desde la perspectiva del pensamiento filosófico, frente al ejecutivo, quiero que te quede claro al menos una cosa, pues desde ese VER-DESDE-FUERA que permite esta disciplina, sin duda esta forma no solo de conocimiento, sino de ser y estar en el mundo, este rasgo siempre tiene ventajas a medio y largo plazo aunque, a corto, a menudo duela más que dé placer, y no reporte beneficios inmediatos. Sin embargo, al ser una de las propiedades pertenecientes al carácter del ser humano, implica cierta parte de ese temperamento o manera de ser, previo al estar y reaccionar ante lo que se nos aparece como la mejor forma de actuar. Con esta última frase, ¿te das cuenta de la importancia que tiene nuestra esencia frente a los accidentes del devenir de los tiempos?

La inteligencia artificial no tiene programada todavía el rasgo filosófico de la «humildad», que significa una cierta modestia antes del responder inmediato y, en los tiempos presentes, los avatares demuestran cierta presuntuosidad, como el oráculo que se sabe en posesión no solo de la verdad, sino de la capacidad de respuesta ante cualquier pregunta y, además, de forma rápida e instantánea. De momento, esta capacidad de «entender» la realidad es replicativa; no comprende ni siente, ni todavía es consciente del maravilloso proceso de crear «ex novo» para lo bueno y para lo malo. Con la aparición de esta tecnología, se pone en cuestión no nuestro ser como *homo faber*, el hacer, sino el ser que siente y experimenta sensaciones. Pues esa es la dirección de la ética, el saber cómo podemos impactar e influir en el condicional de las acciones que no siempre es tan evidente, no ya tanto para conseguir el beneficio individual, sino un fin más allá que, en el caso de esta correspondencia, no te olvides que será alcanzar la «buena vida laboral».

La «humildad», al igual que otros rasgos de la actitud filosófica que te presentaré en estas cartas, no da placer sino todo lo contrario y, en muchos casos, puede parecer sinónimo de «imperfección», de «fallo» o de «fracaso». Sin embargo, como espero que ya te haya conducido el pensamiento filosófico frente al ejecutivo, las «taras» de los seres humanos, frente a la inteligencia artificial, se te deben presentar a partir de ahora como grandes oportunidades para conocer y actuar sobre la realidad presencial y virtual. Son esas brechas que suponen, como las paradojas de los tiempos presentes, una coyuntura y un abismo al mismo tiempo, una hendidura ante lo que podemos conocer por los cinco sentidos. La tecnología como sexto muestra que las personas pueden adoptar dos formas de mirar la realidad: saltar con humildad o saltar muy rápido y sin dirección. El pensamiento ejecutivo te llevará a realizar la última acción evaluando, de forma certera, las posibilidades de éxito, sin parecer tener vuelta atrás.

La actitud filosófica, frente a ese barranco en el que, por los desafíos de los tiempos, se presenta la realidad, nos estaciona antes de saltar, con los intermitentes que advierten que estamos en la pausa necesaria para evaluar con criterio, más allá de las ventajas o desventajas, la necesidad de la acción con dirección ética en el presente y hacia el futuro.

Solo se puede emprender el viaje al descubrimiento de la realidad dual (real y virtual), y activar el motor de la curiosidad, desde la perspectiva de que no somos poseedores de todo el conocimiento ni de la verdad ni de lo que se nos presenta como cierto a través del mundo de los cinco sentidos, y ni siquiera con el superpoder que nos otorga la inteligencia artificial; si no fuera porque tenemos el rasgo de la actitud filosófica de la «humildad», que nos permitirá ese VER-DESDE-FUERA, y que nos llevará siempre al podio de un ser y estar social que habilita un conocer la realidad y relacionarnos con los otros de una manera radicalmente distinta. El ser conscientes de nuestras limitaciones no solo nos hace más fuertes, sino que nos sitúa en el territorio de la ética, esa dirección adecuada para quien sabe dónde encontrar los vientos favorables. Ser humildes nos cuesta, por esa prepotencia que da el pasado, el poder o un conocimiento estrecho y obsoleto. ¿Estás preparado para este rasgo filosófico que da dolor y placer al mismo tiempo?

10

DE RAÍZ, RADICAL

Querido director general:

«Ser radical» implica el viaje de ir a las raíces de la realidad, a la esencia de lo que se nos aparece como cierto; muchas veces a lo que, en general, está oculto y, sin embargo, es la consecuencia de todo lo que va a aparecer a medio y largo plazo, o lo que suponemos por una razón anclada y deductiva del pasado que vaya a suceder y, a pesar de que la actitud filosófica tiene que ser tajante, no está reñida con el justo medio. Te lo voy a explicar: los rasgos de la actitud filosófica te tienen que llevar a ver las raíces de los problemas desde una doble perspectiva: una mirada a fondo que te permitirá descubrir muchas de las causas de los problemas y, por otro lado, ese observar con cierta distancia, un VER-DESDE-FUERA que nos hace transitar hacia otro modelo de pensamiento, el filosófico.

Analizar lo que se nos muestra ante los sentidos desde la raíz nos permite dos cosas: el asombro del descubrimiento y la posibilidad del conocimiento de lo que puede suceder. «Ser radical» es uno de los rasgos de la actitud filosófica que implica el ser realista, combinado con ese VER-DESDE-FUERA que te da el nuevo marco para poder comprender lo que acontece desde abajo, haciéndote descender al suelo de esos conceptos universales que marcan la concepción del mundo, así como la toma de decisiones y que, en la mayoría de las ocasiones, tienen que ser aterrizadas por esa realidad dual, virtual y presencial, en la que nos hallamos inmersos. Esta doble perspectiva de análisis del mundo, el contraste de las ideas con la raíz, de lo que a veces permanece oculto con lo que salta como cierto, es lo que da el verdadero conocimiento y la relación con los seres humanos.

Al igual que los desniveles del terreno provocan muchas veces tropezar por no ir mirando al suelo, también son los que te tendrían que hacer estacionarte, pararte a pensar, no ya solo porque te hayas caído muchas veces, sino sobre todo porque te permitirán observar con distancia y mirada filosófica el resto del camino. Este rasgo constituye uno de los mejores ejemplos del cambio del pensamiento ejecutivo al filosófico, pues implica actuar con prudencia; esa cordura y buen juicio que provoca el detenerse para analizar lo que se nos aparece con el velo de la superficialidad y, de igual forma, y aunque parezca contradictorio, nos otorga la autenticidad de un conocer sin domesticar, cuestionando la dirección marcada ahora por los algoritmos como camino correcto.

El pensamiento ejecutivo te lleva a no analizar en profundidad los errores y fracasos y, en su ímpetu, solo está observando el siguiente peldaño de la escalera; este mirar al pasado de la filosofía no es de la réplica exacta que, como ya te he señalado en algunas cartas, pues de momento es como deberíamos llamar a la inteligencia artificial, sino el del cuestionarse atendiendo no solo a los accidentes, sino intentando comprender la esencia misma de la realidad. La mirada radical ante esa misma escalera que es la existencia humana cuestiona el propio sentido de subir otro escalón o sobre la necesidad de darse la vuelta sin descender. ¿Te has preguntado por qué el éxito parece estar relacionado siempre con un ascender? Los jóvenes con efecto Copérnico dudan de este concepto, de esta idea universal preconcebida en la sociedad y más aún en el mundo de la empresa. Uno de los motivos por los que será necesario que desarrolles este rasgo de la actitud filosófica será el cambio en la trayectoria, pues los desafíos de los tiempos presentes hacen necesario mirar lo que sucede de raíz, de forma radical, que implica la valentía del descubrimiento y el equilibrio en la exploración del ser y estar en el mundo real y virtual al mismo tiempo. La mirada desde arriba a veces no permite distinguir los detalles, pero, a la vez, te da un enfoque más amplio de la realidad; recuerda cuando vas montado en un avión y, si miras al suelo, se muestra de una manera distinta lo que se nos aparecía como cierto. Del mismo modo, conocer el terreno desde la raíz nos permite ese adivinar lo que muchas veces está oculto, un pensamiento inductivo y deductivo que, combinado en la justa medida, te da la dirección, el sentido y significado ético de la toma de decisiones, y necesario para el fin de estas cartas: construir la «buena vida laboral». Busca siempre las raíces de los problemas desde el VER-DESDE-FUERA del pensamiento filosófico.

11

DE LA VOLUNTAD COMO EPÍLOGO NECESARIO

Querido director general:

Quiero finalizar esta sección de mi correspondencia sobre la necesidad del pensamiento filosófico con un rasgo que es uno de los principios de la existencia, motor y fuerza de todo cambio. Sin la «voluntad» de movimiento, no se pueden llevar de la potencia al acto ninguno de los rasgos de la actitud filosófica, y produce dolor y placer al mismo tiempo pues, ante la inercia de la inmovilidad del ser humano, ese abrirse o descubrimiento que permite la actitud filosófica nos otorga algo tan humano y peligroso como la pereza.

La voluntad implica no pensar en el lastre del pasado, sino una creencia en ese destino o devenir de los acontecimientos que se dan necesariamente en la línea del presente y futuro. Y, al igual que el resto de los rasgos, nunca pueden ser individuales sino sociales, que significa que, para poder darse, es necesaria la presencia real o virtual de otro, y van necesariamente ligados a un propósito de existencia que va más allá de la individualidad. En contra de lo que pudiera parecer, no es relativa solo al sujeto, pues requiere, para su realización, de un entorno social. Se convierte en un rasgo egoísta cuando solo tiene un beneficio personal, lo que la reemplaza, de inmediato, no en una fuerza que mueve, sino una característica personal con efecto corto y pobre.

Al igual que la «curiosidad» es el motor primero, la «voluntad» es principio y fin de toda realidad y fuerza de todo cambio de estado; va directamente engarzada a un sentido de la ética del deber y del hacer más allá de un porqué accidental y específico; resuena en un «para qué» no individual, sino social, que es el que empuja de manera sostenible la acción. Está alejada del «deseo de», del acto impulsivo sin consciencia ni sentido ético, y lleva a la determinación no solo de un hacer, sino de un querer hacerlo en la dirección adecuada y en condiciones de reciprocidad, responsabilidad y libertad.

Quiero que te estaciones, pienses y cuestiones cuáles son no ya las aparentes, sino las verdaderas razones de tu deseo, y si solo persiguen un fin individual, un para ti y no para otros, pues entonces estamos en el horizonte del impulso particular, y no en lo que implica y significa este rasgo de la actitud filosófica. La «voluntad» no debe estar dirigida por tus preferencias de ser y estar en este mundo, de entender y configurar la realidad, sino en un conocimiento de raíz y radical de lo que se nos aparece, pues es la fuerza del movimiento del cambio para la transformación, y significa un no conformarse con el presente, sino un impulsarnos hacia el futuro con sentido y significado ético.

La «voluntad» nunca debe ser considerada como una facultad intermedia, ligada más a los accidentes de nuestra existencia que a la verdadera esencia del ser humano, e integra, con un equilibrio ponderado, la razón y la emoción, el intelecto y el mero deseo fugaz, gracias a ese VER-DESDE-FUERA que te da el pensamiento filosófico frente al ejecutivo. Vas a necesitar este rasgo para poder llevar a cabo el fin de estas cartas: construir la «buena vida laboral», pues, aunque tú lo tienes que impulsar desde la fuerza y no desde el estilo de liderazgo, necesitarás la intención y las ganas, y el impulso de la volición, para poder llevar de la potencia al acto todos los rasgos de la actitud filosófica en las personas dentro de la caverna empresarial y con tu ejemplo, también en la sociedad. Y, para poder hacerlo, y quizá también por este motivo, además de por el alfabético, este rasgo reúne al resto, la amistad, el saber estacionar para cuestionarse lo que queremos y cómo queremos llegar: eso que ahora todos llaman el «propósito», la creatividad para convertir esos imposibles, que muchas veces solo están en nuestra imaginación en un mundo posible con la dirección ética adecuada, con la humildad que elimina de golpe la prepotencia de quien casi siempre toma el mando a su antojo, desde arriba y no desde fuera. La naturaleza del liderazgo debe ser la fuerza a través del ejemplo en la correcta dirección, no solo desde un nivel superior. Y, por último, y al igual que el resto de los rasgos de la actitud filosófica, solo puede ser aprendido mediante el ejemplo, la voluntad no se enseña, se muestra.

Este rasgo es tan importante porque marca la dirección ética: la voluntad impulsa y, a la vez, es impulsada

—recuerda el carácter recíproco— por el resto de los rasgos de la actitud filosófica; empuja en la dirección oportuna del trayecto e intuye, desde ese VER-DESDE-FUERA, ese devenir de la «buena vida laboral»; integrando las raíces de los desafíos de los tiempos presentes pues, si ese «querer» está mediado por el intelecto y los cinco sentidos, tiene que incorporar la tecnología como sexto, ya que esta nos abre al mundo de lo virtual, donde la instantaneidad del deseo cumplido tiene que ser equilibrada por un estacionarse, para hacernos conscientes de lo que en realidad deseamos. La aparente volatilidad e incertidumbre de las mariposas y cisnes negros del mundo tal y como hoy se nos aparece, necesitan cuestionar, de manera crítica, qué es ese «querer» de la esencia de la voluntad, porque nuestro propósito de vida o laboral, tiene que ir más allá de la instantaneidad del clic o del *like*. Los jóvenes con efecto Copérnico navegan por estas preferencias de la novedad constante, en una aparente velocidad y, ante esta situación, frenamos desde nuestra inercia ante los cambios o, quizá, como espero que hayas reflexionado a través de todos los rasgos de la actitud filosófica, pensemos desde la «voluntad de potencia», en un nuevo modelo de pensamiento para la comprensión de la realidad y poder llevar al acto los rasgos latentes en la naturaleza de todas las personas. ¿Estás preparado para aplicar los rasgos de la actitud filosófica ante los desafíos de los tiempos presentes?

EXCURSO DE OBERTURA[1]

Querido lector, no es mi intención que todas las cartas sigan un hilo conductor, sino el provocar tu reflexión y cuestionarte a través de la filosofía, si llego a hacerlo con tino, el significado, sentido y naturaleza de los asuntos que considero relevantes sobre los tiempos presentes. Seguro que se me olvidan muchos o, quizá intencionadamente, y si logro despertar tu curiosidad, te estaré dando las herramientas para que puedas descubrirlos por ti mismo, en el orden que consideres, ya que estas cartas no llevan una secuencia determinada, y el final seguramente, será muy distinto a como lo había imaginado.

Muchas veces, las soluciones están ahí, pero, sin esa capacidad de estacionarse que da la actitud filosófica, somos incapaces de ver. Escribo estas cartas como filósofa; una condición que oculté durante muchos años, pero que siempre estuvo latente en mi esencia, y ahora ya lo considero como lo principal de lo que soy, de mi ser y estar en este mundo, del para qué de mi trabajo y que ha dado sentido a mi buena vida laboral después de muchos años de travesías por «diferentes caver-

---

1   Parte de un discurso que se aparta de la temática principal de este, para tocar otros asuntos más o menos extensamente.

77

nas» empresariales. *Mi existencia, al igual que la tuya, coha-*
bita en dos realidades: una inevitable, la que se nos presenta
ante los cinco sentidos, y otra la virtual, que nos entretiene sin
dejarnos ese espacio tan necesario para estacionarnos, pero
que siempre es agradable, nos da placer y nos evita el dolor,
en la que podemos arrepentirnos al instante del mensaje
enviado, de las palabras dichas con el arrebato de no tener
un rostro presente, y que nos hace protagonistas de aparentes
imposibles. Este es uno de los motivos por el que comencé estas
cartas, para que empieces a utilizar el pensamiento filosófico.

LIBRO II

LOS DESAFÍOS DE LOS TIEMPOS PRESENTES

12

LOS FENÓMENOS DE NUESTROS TIEMPOS

Querido director general:

Hoy te invito a reflexionar sobre lo que sucede en los tiempos presentes, y va más allá de lo que ocurre en el pequeño o gran mundo de tu empresa; esas cavernas que a menudo nos impiden no solo no ver más allá de la existencia corporativa, sino que además no incitan a ese detenerse necesario para poder observar con claridad los fenómenos que nos afectan y que, por no mirar de forma adecuada, no somos capaces de ver con nitidez. A través de estas cartas, espero despertar tu curiosidad como motor, primero, de toda actitud filosófica y, a partir de ahí, hacerte consciente de una experiencia de realidad distinta a la de los fenómenos que se te aparecen en tu vida diaria. Siempre desde sus orígenes, esta disciplina contribuyó a derribar los mitos que configuran nuestro mundo y nos debería ayudar a descubrir cómo podemos alcanzar la «buena vida laboral».

En esta sección de las cartas, intentaré describirte cuáles son los grandes desafíos a los que, como sociedad y seres humanos, nos enfrentamos y, para ello, no solo necesito tu lectura atenta y pausada, sino sobre todo una transformación, una evolución de tu modelo de pensamiento ejecutivo al filosófico. Te convoco a ser un paseante de esta realidad que nos rodea de los cinco sentidos, y que te conviertas en un explorador del mundo que podemos observar y tocar y que, con ayuda de la tecnología, no solo nos muestra lo que hay, sino lo que nos gustaría que fuera. Sin embargo, mientras lees estas cartas, te voy a pedir que te alejes por unos instantes de esa pequeña ventana rectangular que nos atrae, distrae y amplía como seres humanos, en una contradicción al mismo tiempo en el suceder. Los grandes retos y fenómenos de nuestros tiempos presentes están condicionados por un pasado que de verdad ya no existe y un futuro que se empeña en adelantarse a mayor velocidad de la que estamos acostumbrados. A través del pensamiento filosófico, espero que descubras un equilibrio para explorar lo que sucede, y que estas cartas te lleven a ver más allá de lo que se nos aparecen como verdadero y cierto. Aspiro a «tocar tus emociones», y no me malinterpretes: que, en un mundo que pone tanto foco en un lenguaje que intenta adulterar la realidad, puede suponer una osadía por mi parte. Y esto significa que espero convencerte no solo a través de los argumentos de la razón, sino sobre todo de lo que ahora, y quizá siempre, pero más agudizado por la inteligencia artificial, nos sigue haciendo específicamente humanos: esas alteraciones de ánimo que pro-

vocan cierta conmoción somática y que son definitivamente las que nos conducen a la transformación y al
territorio de las emociones.

Como ya te he ido adelantando, he identificado los
dos grandes desafíos de los tiempos presentes: la tecnología como sexto sentido y los jóvenes con efecto
Copérnico; estos dos siempre han constituido, desde el
origen de los tiempos, el buscar establecer, de manera
racional, los principios más generales que organizan
y orientan el conocimiento de la realidad, así como el
sentido del obrar humano. Sin embargo, la dimensión
de lo digital nos dota de una nueva capacidad para percibir estímulos externos mediante determinadas herramientas que nos ensancha por completo la realidad cir-
cundante y nuestra capacidad de relacionarnos con ella
y con los otros, y que pueden ser muchas y diferentes al
mismo tiempo. El propio concepto de «ser» y «tiempo»
se altera; la condición humana se amplía con un sexto
sentido, lo que provoca la aparición de una nueva generación. Este emerger de una realidad virtual paralela,
y en muchas ocasiones con más peso de estancia que
la tradicional, altera definitivamente lo específico del
ser humano: nuestro SER-AHÍ se multiplica y duplica en
un SER-EN-TODAS-PARTES; el sentido, significado y naturaleza del trabajo cambia, y es necesario un método
de pensamiento que nos ayude no solo a comprender
el mundo en el que vivimos, sino sobre todo a lograr
una buena vida, porque SER-AHÍ no implica, gracias
a la tecnología, «ser presencialmente». Y este hecho,
aunque todavía no seamos muy conscientes, modifica
todas las relaciones humanas, nuestra manera de inte-

ractuar con la realidad, así como de conocerla. Una de las consecuencias a las que nos enfrentará la tecnología y nos ayudará la actitud filosófica será a distinguir entre la verdad y la apariencia; a esta rama del saber se dedica la fenomenología, disciplina filosófica nacida en el siglo XX e ideada por Husserl, y que ahora debería estar de moda en todos los programas de formación de quienes se dedican a diseñar e implementar los algoritmos de la inteligencia artificial y los incorporan sin cuestionar su uso.

Hay un horizonte de lucidez donde se dibuja el marco de pensamiento filosófico que te he propuesto en las primeras cartas: un trayecto, no tanto un destino, aunque te hablaré largo y tendido de este último. En este segundo itinerario, como resultado de la tecnología, se ve impactado el concepto de «incertidumbre», el de la «transparencia» y la velocidad parece transmutada a una sucesión de acontecimientos sin sentido; la diversidad de la condición humana se hace patente y demanda la personalización de las respuestas y, por último, aparece un nuevo sentimiento de soledad y de angustia provocado por el desequilibrio existencial de la realidad virtual. La tecnología como sexto sentido ha destrozado literalmente los límites del mundo conocido, del que se nos aparecía a los cinco sentidos, y nos convierte en una especie de «superhumanos», preguntándonos si no habrá superado ya lo artificial a nuestra «torpe» especie. Y, en este debate, el resurgimiento de la ética, que va más allá de la cosmética, para dar sentido y significado a los desafíos de los tiempos presentes, será fundamental. La sociedad parece estar atrapada en una «red» que nos lleva a un SER-EN-TODAS-PARTES y en ninguna a la vez; somos observadores de una realidad que deslizamos a nuestro antojo, donde nos convertimos en protagonistas de lo que queremos ser y de lo que nos sucede. Y las nuevas generaciones aparecen ya «deformadas» por esta manera de «ser y estar» en el mundo, con unos hábitos y comportamientos que chocan de forma frontal con la sociedad tradicional y, sobre todo, en el territorio de las empresas; demandan más luz en la caverna, viven en la instantaneidad del presente, cuestionan la figura de los «semidioses» que ostentan un poder sin autoridad y, además la mayoría, se manifiestan sin temor. La inmediatez permanente de la realidad virtual les hace experimentar una sensación de novedad constante, que los lleva recurrentemente al tedio: se aburren rápido y su compromiso no está ligado a la línea del tiempo ni a la del espacio físico. Frente a estos dos grandes desafíos y sus consecuencias en nuestra existencia y, en la manera de relacionarnos con las personas y comprender la realidad, la actitud filosófica no solo te proporcionará un nuevo marco de pensamiento, sino sobre todo de acción, pues esta disciplina nunca debió alejarse tanto del terreno práctico.

Muchos repiten que estamos en la búsqueda de un nuevo propósito de vida; sin embargo, la actitud filosófica nos lleva más lejos: cuando lo que se produce es una alteración y duplicación de la realidad, lo que se necesita es la curiosidad y voluntad de querer preguntarse si todas las creencias y mitos sobre el funcionamiento de lo tradicional siguen teniendo validez, o quizá es que esta ya tenía una caducidad prescrita. El pasado construye con sesgos una existencia y experiencia, que el presente deforma y el futuro proyecta en un escenario que, al ser tan cambiante, ya no tiene nada que ver con las condiciones anteriores; sin embargo, no me interesa levantar un muro con mis palabras demasiado denso y rígido, sino establecer las bases de erigir para ti, querido director general, construcciones posibles. Más allá de tus circunstancias, que son muchas, variadas y variopintas, quiero que te estaciones a pensar, con los intermitentes puestos sobre estos fenómenos que te relataré a continuación y que manifiestan los tiempos presentes.

Para continuar leyendo las siguientes cartas, vas a necesitar activar desde el comienzo dos de los rasgos de la actitud filosófica: la «curiosidad» y la «voluntad»; la primera constituye la condición necesaria y suficiente para activar el pensamiento filosófico, y la «voluntad» significa una finalidad intencionada de todos tus actos, un destino con dirección ética, porque el motor de todo cambio debe tener un final sobre el que, aunque pueda verse alterado por los accidentes que te contaré a continuación, los rasgos de la actitud filosófica te proporcionarán un nuevo marco de comprensión y de abordaje, ante los desafíos de los tiempos presentes.

13

DE LA TECNOLOGÍA COMO SEXTO SENTIDO

Querido director general:

He llegado a una conclusión muy simple en el acontecer de los tiempos presentes, y es que las novedades tecnológicas no se piensan, se adoptan sin cuestionar, incorporándose de forma veloz a nuestros hábitos y costumbres, lo que transforma, de forma radical, el ser y estar en el mundo, convirtiéndonos en «superhumanos», y nos llevan de un SER-PRESENTE a un SER-EN-TODAS-PARTES. Hoy me gustaría hacerte pensar sobre el significado de la tecnología en general, ya que esta no solo amplía los límites de nuestros cinco sentidos, sino que se convierte en el sexto, expandiendo de forma instantánea la realidad, ofreciendo un mundo ya no solo de los fenómenos que se nos aparecen como existentes y ciertos, sino una configuración de lo que nos gustaría que fuera. Lo digital nos permite desplazar esta nueva realidad a gran velocidad; la podemos apagar o encender cuando queramos, e incluso diseñar a nuestro antojo, con un simple gesto de nuestros dedos, sin apenas rozarla ni intervenirla.

El *Homo sapiens,* con cuarenta o cincuenta mil años de historia, que sepamos de momento, ha encontrado en el mundo virtual un medio fácil, rápido y cómodo para poder soportar una realidad de un transcurrir lento, aburrida, embarrada e inevitable, de la que poder desconectar cuando uno quiere y en la que puede ser el protagonista de tantas historias como le gustaría. Nos encontramos con tecnologías del presente expandido, modos de trascender el horizonte local de los acontecimientos, que nos liberan de instancias de realidad inevitables. Con el distanciamiento de los terrenos físicos y presenciales tradicionales que proporciona la tecnología, muchas de las cuestiones básicas sobre la vida, la existencia, nuestra forma de relacionarnos e interactuar, hasta el propio concepto de «tiempo», se quedan alteradas. El SER-AHÍ y los adverbios de lugar y tiempo amplían su significación, transformando nuestra propia esencia en un ser sin «estar» presente o, al menos, de una forma diferente a la tradicional.

No quiero que dudes que la tecnología nos hace siempre mejores humanos y, aunque sobre su sentido ético, te hablaré en mis próximas cartas, ahora ya disponemos de unos algoritmos que saben «tocar las emociones» mejor que lo hacen muchas personas, con una lógica perfecta, sin errores y capacidad analítica, que imita a la perfección al más listo de los listos de nuestra especie. La tecnología, por fin, parece comprendernos mejor que otras personas y este es uno de los motivos por el que su adopción, aparte de no discutible, es tan rápida y, a la vez, imprime cambios más profundos e instantáneos que las anteriores, lo que afecta, de lleno, a la propia condición humana, permitiéndonos conocer aspectos nuevos de nuestra objetividad y subjetividad. Se ha reducido el «tamaño» del planeta con la aparición de internet y el trasiego instantáneo de información desde cualquier rincón del mundo, lo que ha permitido traer a la realidad las posibilidades de la predicción de acontecimientos: la simulación de procesos y experiencias futuras, que le abren al ser humano nuevas opciones *a priori*, para condicionar sus decisiones de hoy, de acuerdo con un posible mañana (Si hay algún párrafo que no entiendes bien, espero haber despertado tu curiosidad y busques de dónde vienen algunos conceptos e ideas).

La distancia física ha sido, por mucho tiempo, una barrera para una fluida conexión y relación que, en numerosas ocasiones, determinaba nuestra propia existencia, y muchos de los conceptos que están puestos en tela de juicio por algunos «semidioses» en las empresas parten de la hipótesis de que, con el alejamiento que provoca el mundo virtual, es imposible generar «compromiso». Esta es, hoy por hoy, una de las cuestiones más relevantes en el mundo de la caverna y, en general, en la sociedad: «¿Se necesita presencialidad y roce para generar cultura y cooperación?». Y, si retrocedemos de nuevo al origen del pensamiento filosófico, que no es preguntarse por los accidentes, sino por la esencia misma de las cosas, la cuestión de nuestros tiempos presentes será sobre la naturaleza, sentido y significado de este concepto, el compromiso, que parece tan relevante y que, con la generación de jóvenes con efecto Copérnico, se tiene que replantear de nuevo. Espero estar despertando tu curiosidad por intentar dar respuestas a preguntas como esta, pues el dudar mismo sobre las formas tradicionales de existencia demanda ese estacionarse, que no es un pararse definitivo, que permite un VER-DESDE-FUERA y con distancia, y el preguntarse sobre si lo que se nos presenta como cierto y verdadero, con el barniz del pasado, es válido para los desafíos de los tiempos presentes.

La tecnología ya ha cambiado la propia naturaleza del trabajo y del liderazgo, demandando pasar a un nuevo marco de pensamiento filosófico donde se cuestiona al tradicional ejecutivo y crea un nuevo tipo de persona, dotándola de unos poderes inimaginables de llevar a cabo con los cinco sentidos y dando a luz a un nuevo SUPERYÓ, a un flamante «superhumano»: ahora oímos y vemos mejor, más rápido, más grande y en tiempo real; saboreamos y olfateamos la realidad con el filtro de las opiniones de millones de seres humanos a quienes no tenemos la ocasión de «conocer en persona», otro de los conceptos que ya cambió la tecnología para siempre. Este sexto sentido se convierte en un mediador de la percepción del mundo no solo a nivel empírico (cálculo, datos, patrones y archivos), sino en un plano trascendental, en cuanto a condiciones de posibilidad de lo que podemos llegar a ser y conocer. Cada vez más, los procesos biológicos o los cognitivos se aprenden a través de la rejilla que suponen los algoritmos y, tras la emergencia de la inteligencia artificial generativa, los límites del mundo se transforman, y la percepción que tenemos de él se ensancha, así como el alcance de lo cognoscible. Emerge una nueva realidad, la virtual, con una pretensión de estatus de existencia plena, y nos surge siempre la gran pregunta filosófica: «¿Es real lo virtual?». Sin embargo, nuestro concepto tradicional de lo primero, de lo que existe a través de los cinco sentidos, o con independencia de nuestra observación, ya se vio definitivamente afectado. Ya espero que hayas aprendido a hacerte las preguntas filosóficas que, en el caso de esta última, no es sobre los accidentes o características de lo virtual, sino el mismo cuestionarse sobre qué es lo real.

La tecnología constituye nuestro sexto sentido, ese que desdobla la existencia, que nos hace ver la realidad y todo lo que conocemos de modo tan diferente que, a veces, asusta por desconocido, y es solo en parte, porque esta singularidad ha entrado de manera muy sigilosa. Y, de todas las definiciones de este último término, 'reservado', 'discreto', 'callado', 'cauteloso', 'silencioso', 'secreto', 'prudente', 'disimulado' o 'solapado', me quedo con la penúltima pues, dentro de todos los sinónimos en el marco filosófico que te propongo aplicar, la tecnología es un velo, una cortina o tela de colores divertidos que cubre esa realidad de lo que sucede, ese necesario adorno de una sociedad cansada del presencialismo. Aunque pienses que los jóvenes son nativos digitales, no te lo creas; para eso sirven los rasgos de la actitud filosófica: no para criticar, sino para poner en cuestión lo que se nos da o aparece como cierto. Su naturaleza latente está —te iba a decir determinada— «absolutamente dirigida todavía» por el espíritu de sus padres, el ámbito educativo y el la sociedad; largas sombras que determinan su ser y estar en estos tiempos presentes.

Si me contaras lo que más te ha impactado del universo de la tecnología de los últimos treinta años, estoy segura de que, además de algunas herramientas genéricas como internet, WhatsApp, redes sociales o ChatGPT, estas serían algunas de las que más han modificado tu existencia y tu forma de relacionarte con otros y con el mundo. Aunque el COVID-19 aceleró la digitalización de nuestra forma de hacer presencial y cercana, tienes que darte cuenta de que la tecnología siempre ha estado presente en la vida del ser humano; más o menos digital, y de manera constante, facilitó siempre nuestra existencia, frente a la enrevesada naturaleza. Y nos hizo mejores, con esa capacidad para superarnos día a día y dejarnos tiempo para realizar las tareas contemplativas que nos diferenciarían, primero, del mundo animal y, en estos tiempos, de la inteligencia artificial. Al igual que los acontecimientos históricos, ahora la tecnología, y a un ritmo frenético, nos proporciona un mundo nuevo cada día: era como salir y volver a entrar de la caverna platónica todos los días; lo que sucedía en el mundo real, los cambios permanentes, parecían quedarse fuera de la sociedad y de la empresa, acostumbrados a otro ritmo, a la cadencia del «esto siempre se ha hecho así y funciona».

Por último, te compartiré una reflexión íntima sobre mi experiencia con los móviles: me encanta desplazarme en medios de transporte público y, en lugar de estar mirando el teléfono, como soy curiosa por naturaleza —la filosofía no solo da forma, sino que transforma y también deforma— me dedico a curiosear lo que está observando la gente en este dispositivo mientras se desplaza. Te puedo asegurar que me cruzo con pocos «semidioses» en estos trayectos; debe de ser que no lo consideran tan rápido y sostenible para desplazarse como el resto de los mortales. Sin embargo, es un hecho que casi un 80 % de los viajeros van absortos en esta nueva experiencia a través del móvil de mirar al mundo que nos rodea sin mojarse demasiado; una realidad deslizada, amable, con caritas sonrientes a diestro y siniestro, en la que solamente se nos aparece lo que nos gusta, sin intervenciones de la mala conciencia, y de la que poder desconectar a golpe de aspa o deslizamiento digital. Tendrías que probar un día esta experiencia de pasajero subterráneo de la realidad física y presencial pues, si no lo has hecho antes, considero que te cambiaría la vida: no solo te sorprendería, sino que te ayudaría mucho para tu negocio el saber qué consumen y a qué dedican su tiempo todas las generaciones. Este tipo de vivencias te permiten comprender cómo es la existencia y vivencia de esas personas que tanto te empeñas en entender y monitorizar con herramientas digitales tan alejadas del comportamiento real. Tanta información e inteligencia artificial, muchos cuadros de mando integrales, reuniones, control y tantos datos y, en el fondo, basta con viajar en metro para comprender el ser y estar del ser humano, desde una doble existencia que ya cambió para siempre. El pensamiento filosófico es así de simple: para abordar la tecnología, hace falta sensibilidad y creatividad. Haz lo inesperado: sorprende mirando lo que nadie observa.

14

DE LOS JÓVENES CON EFECTO COPÉRNICO

Querido director general:

Copérnico recibió, en 1543, el manuscrito de su obra *Sobre las revoluciones de los orbes celestes* ya en el lecho de muerte. Tú recibes estas cartas en lo más alto de tu trayectoria profesional: desde esa altura de los pisos superiores que, a veces, te alejan de la realidad del terreno que pisamos el resto de los seres humanos. Y este posicionamiento, en apariencia sin importancia desde la caverna empresarial, te impide ver esas órbitas que dibujan los astros en el firmamento, que son las nuevas generaciones. Y, como te indiqué desde el principio de mi correspondencia, estos representan uno de los grandes desafíos sobre los que pensar nuestros tiempos presentes desde el marco de la filosofía. La tecnología como sexto sentido y los jóvenes con efecto Copérnico constituirán los factores más poderosos de la transformación y cultura del ser humano en el presente, pues configuran no solo la actitud filosófica, sino las coordenadas necesarias en el nuevo espacio virtual para comprender y dar sentido a la existencia. Nuestra generación no ha crecido con estas circunstancias, como diría Ortega, y el no comprenderlas, en muchas ocasiones, es un freno de mano que impide el devenir del presente y del futuro, atascándote en un escenario de pasado que ya no es el mismo y que ya cambió para siempre.

En esta carta, quiero ocuparme de derribar algunas de las ideas preconcebidas que tienes sobre esta generación, sobre todo, porque sus hábitos y su forma de ser y estar en el mundo son radicalmente diferentes a la tuya. Y me podrías argumentar, si me tuvieras en un cara a cara, que esto siempre sucedió así; sin embargo, quiero llevarte a estacionarte de nuevo y a que cuestiones, en un sentido ético, si los conceptos de «compromiso», «propósito», «sacrificio» o esas «ganas» y «actitud», a pesar de mantener su esencia como condición necesaria para trabajar y vivir, han mutado alguno de los accidentes de la existencia. Parece que nadie logra identificar la fuerza capaz de conducir su atención. Ellos han nacido inmersos en dos realidades, dos mundos: el real y tradicional de los cincos sentidos y el virtual. Y este último altera y amplía, de manera significativa, nuestra comprensión y hasta la propia naturaleza; algo digno de estacionarse a pensar, debido a que ninguna tecnología anterior nos había dotado de un sexto sentido ni había convertido el SER-AHÍ en un SER-EN-TODAS-PARTES. Viven, se relacionan y trabajan en una realidad que, en muchas ocasiones, no es la que les gustaría, y ahora tienen la posibilidad de abrir a su antojo una ventana de infinitos y paralelos mundos; de *stories,* en las que, si lo desean, pueden ser los protagonistas, los personajes principales de la acción, en un espacio en el que llegar a ser algo, no sabiendo muy bien qué, es más fácil que desde las coordinadas espaciotemporales de la física clásica.

Los jóvenes con efecto Copérnico eliminan la concepción geocéntrica del universo y los posiciona como el sol, astro respecto al cual gira todo lo demás, y este cambio de perspectiva les abre un nuevo horizonte de «ser», para el que no está preparada ni la sociedad ni la empresa. Son cuerpos con luz propia y ponen a girar todo lo demás en torno a ellos. «¡Qué injusto!», puedo adivinar que estés pensando y, sin embargo, es todo lo contrario: dan luz y te hacen salir de la caverna de sombras en la que estabas inmerso. Gracias al nuevo marco de pensamiento filosófico, frente al ejecutivo, podrás comprender que los grandes conceptos e ideas como el «compromiso» o el «propósito» se mantienen en su esencia y solo cambian los accidentes.

Y, entonces, ¿cuáles son esas características de los jóvenes con efecto Copérnico que nos hacen cuestionarnos la forma de ser y estar en las cavernas empresariales? Te voy a intentar hacer una descripción de algunos de los que me parecen más relevantes y que están directamente relacionados con la tecnología como sexto sentido.

Primero, se aburren más rápido por el efecto de novedad constante que dan las redes sociales y, antes de lanzarte a juzgar si lo que te voy a relatar a continuación es bueno o malo, justo o injusto, estaría bien que, al menos, te cuestionaras si a tu generación no le sucede lo mismo, y la pequeña gran diferencia es que la nuestra callaba y se aguantaba frente a lo malo o injusto, y en esto consistía el «sacrificio» que quieres volver a recuperar a toda costa.

En segundo lugar, y creo que es uno de los grandes cambios a los que nos enfrentamos como sociedad y empresa, es que su idea del «compromiso» no está ligada ni al tiempo síncrono ni al espacio físico. Esta generación socava los principios y fundamentos básicos de la forma de relacionarnos y conocer la realidad tradicional, la de los cinco sentidos, demandando un liderazgo no basado en el poder, sino en el movimiento que lleva sus propiedades latentes de la potencia al acto. El resultado de la aparición de esta generación, junto con la tecnología como sexto sentido, es la destrucción definitiva de un SER-AHÍ, que queda ajeno a la virtualidad de la existencia; la estructura física tradicional de lo real ya cambió definitivamente y se hace necesario un nuevo marco de pensamiento, que te lleve a una mirada limpia en esta bicefalia de realidad.

En tercer lugar —no me pierdo, tranquilo—, necesitan transparencia, al ser una de las características de los tiempos presentes pues, aunque en la realidad virtual se utilizan filtros, saben distinguirlos perfectamente. Después de mi larga travesía por las cavernas empresariales, te quería preguntar no solo cómo es posible que haya tanta hipocresía, sino sobre todo por qué tantas generaciones lo hemos dejado pasar como si nada, ayudando a incrementar esas sombras de lo que parecía real.

En cuarto lugar —y este me encanta, ya que yo no soy así, pero sí que lo considero una condición necesaria de vida—, se manifiestan sin miedo: se atreven a salir de la caverna una y otra vez, cuestionan las políticas y procedimientos del «esto siempre se ha hecho así y funciona» o, «en esta casa, se hacen las cosas así», muy propio de algunos «semidioses», y se arriesgan a romper algunos mitos como el de: «el mejor empleado, ¿es el que lleva más tiempo en la empresa?».

Y, por último, en quinto lugar, ya que no deseo aburrirte, lo que les gusta se les aparece de forma instantánea, y ese «lo que quiero lo puedo conseguir ya» impacta de lleno en la sociedad, en el mundo educativo y en el empresarial. La capacidad de aprendizaje y asimilación de contenidos es más rápida y, por otro lado, la inteligencia artificial ya da respuestas en un agradable lenguaje natural, y es más veloz que el ser humano más listo; frases como «el aprender con esfuerzo y sacrificio» ya no son válidas o, por lo menos, no con el mismo sentido y significado que en el pasado. Me recuerda a esas personas que todavía se desplazan con el carrito de la compra cargadísimo, cuando ya casi todo se puede comprar *online* —¿te has dado cuenta de que es la primera vez que utilizo esta palabra? Curioso—.

Y, cómo no, tenía que acabar con la intuición de cuál será el propósito de estos jóvenes con efecto Copérnico y que, al igual que deduzco es el de todos nosotros, será conseguir una buena vida, laboral también, que choca de forma frontal con tu idea del trabajo como sacrificio, esfuerzo y ordeno y mando; sin embargo, gracias a la tecnología como sexto sentido, ya todo cambió, pues esta nos permite llegar, de forma más rápida, a lo que antes era imposible o costaba muchísimos años y, además, siempre nos hace mejores humanos. En general, les juzgamos sobre la base de unas hipótesis y experiencias que ya no tienen ni si quiera reflejo en el pasado. Esta nueva generación es la que tiene que hacer cambiar el eje de rotación de las empresas y provocar un cambio en la naturaleza del trabajo y del liderazgo, no ya tanto por ellos en su individualidad, sino porque reflejan los desafíos de los tiempos presentes, esos a los que nos cuesta tanto adaptarnos.

La tecnología como sexto sentido y estos jóvenes con efecto Copérnico son los que van a volver a restaurar la nueva finalidad de la «buena vida laboral»: aquella que, como te contaré al final de mis cartas, se tiene que convertir en un destino; en un fin, tanto para la sociedad como para las empresas. Recuerda por último que los hábitos, costumbres y forma de ser y estar en el mundo de nuestros jóvenes con efecto Copérnico son altamente contagiosos, mutando y evolucionando la existencia de los tiempos presentes. ¿Te has infectado ya?

15

DEL SENTIDO ÉTICO DE LA TECNOLOGÍA MÁS ALLÁ DE LA COSMÉTICA

Querido director general:

Como ya habrás comprobado, y seguro que a tu pensamiento ejecutivo no le gusta, estas cartas sobre los desafíos de los tiempos presentes no tienen un hilo conductor aparente. Será parte de la actitud filosófica que lo descubras. Hoy me gustaría preguntarte por tus valores, lo que te mueve e impulsa en la toma diaria de decisiones y, con esto, te llevo directamente al terreno de la ética que es el horizonte entre lo verdadero, falso, justo, injusto, bueno o malo. La realidad virtual construida desde el mundo de la tecnología hacía necesario volver a pensar sobre qué era lo real, lo verdadero, la inteligencia humana…, así como también cuál es el verdadero propósito de la existencia y la finalidad del trabajo. La inteligencia artificial había sido creada a nuestra imagen y semejanza y nos replicaba a la perfección, al generar, a partir de nuestras experiencias del pasado, efectos y conclusiones que a algunos les parecían sorprendentes. A partir de los datos, los patrones de comportamiento miraban al pasado para tomar decisiones y hacer predicciones; sin embargo, el presente y futuro, con una aparente incertidumbre de mariposas y cisnes negros, no era tan fácil de predecir. La disciplina de la ética siempre ha estado ligada al terreno de la acción; las virtudes ya eran, desde Aristóteles, las que se realizan en la práctica y nos ayudan a conducirnos en el trayecto, pues este horizonte de actuación ha sido más de camino y relativo al sujeto que de finales felices.

En los últimos años, la ética parece haberse quedado encorsetada en unos códigos con un lenguaje incomprensible y más cercano al mundo legal que al filosófico; sin embargo, con la llegada de la inteligencia artificial, se pone de moda de nuevo y este mundo virtual que se nos aparece como real, demanda un cuestionarse sobre el sentido y significado de nuestra existencia. Frente a la cosmética, ese aspecto de lo bello con una camuflable sensación de «postureo», la ciencia y método que deben dirigir las acciones y nuestra toma de decisiones, así como pensar en las consecuencias de nuestros actos, se esconde de nuevo en la caverna de las opiniones. Sin embargo, la reflexión filosófica entre lo verdadero y lo falso o lo bueno o malo se erige como una de las grandes cuestiones de los tiempos presentes, ante el gran desafío de la tecnología como sexto sentido en el que la apertura del mundo virtual se nos presenta llena de interrogantes éticos. Los problemas fundamentales de esta disciplina deben ir más allá de un relativismo de la opinión, y empujar desde el individualismo propio del siglo XX hacia un volver a pensar en un posible BIEN-PARA-MUCHOS, sin ninguna connotación política, que nos posibilite construir una sociedad más justa, diversa, inclusiva y en la que podamos desarrollar una «buena vida laboral».

Si tuvieras que hacer un viaje hasta llegar a la reflexión sobre los grandes conceptos del Bien, la Verdad o la Justicia, como hizo Parménides, uno de los primeros filósofos, ahora en estos tiempos presentes no te inquietaría tanto el viaje, sino la instantaneidad de llegar a destino fijo y seguro. Y, en tiempos de *fake news,* alimentados por algoritmos capaces de suplantar mejor que nadie cualquier identidad, queda poco espacio para estacionarse a pensar, y ya has podido imaginar que el objetivo de mis cartas es desarrollar la actitud filosófica, ese marco de pensamiento para abordar los desafíos de los tiempos presentes. No soy tan pretenciosa como para idear una teoría de la ética, pero tampoco algo tan cosmético o simple como darte las claves o remedios caseros de la felicidad; tan solo deseo advertirte que estacionarse a pensar sobre el sentido de la tecnología es hoy más relevante que nunca con la llegada de la inteligencia artificial, pues esta va a replicar y generar con base en los datos y sus conexiones del pasado, lo que se nos mostrará en el presente y futuro, y hereda un legado ético.

El sujeto de la ética siempre es el ser humano, no el algoritmo y este estará sujeto a principios legales, pues no es posible guiar a las personas hacia ese concepto interestelar de lo bueno; solo es posible pensar sobre la experiencia de lo que uno haya considerado en el pasado como bueno, mejor, verdadero o justo, y esto ya sabemos, desde los principios de los tiempos, que nunca puede ser recuperado en las mismas condiciones espaciotemporales, sin al menos cuestionar su sentido y aplicabilidad.

Reconstruir el ámbito significativo de la ética a partir de la relación con el otro que no está presente, el poder decir uno con libertad lo que quiera, no lo lleva a uno más lejos ni con más potencia, impacto o influjo. Quizá la verdadera reflexión no sea «¿adónde vamos?», sino «¿cómo llegamos?». Para encontrar nuevas respuestas, a veces es necesario cambiar las preguntas, pensar en el camino antes que en el destino. Internet, con una carrocería de interconexión mundial en la que se alteran los conceptos de «espacio» y «tiempo», abre nuevos horizontes en las posibilidades de la ética. El mundo de las redes sociales permite borrar las acciones, las palabras, el arrepentirse de las consecuencias de nuestros actos, con lo cual, la ligereza del decir, de la transparencia, se acentúan con la paradoja de quedarse en un DECIR-SIN-HABERLO-DICHO, eliminando el rastro de los pensamientos que se vuelcan con la misma instantaneidad que pueden desaparecer. La realidad física no tiene esa característica; la imposición de un rostro, de un cuerpo, es más restrictiva, dejando huella, rastro y consecuencias.

La ética a lo largo de la historia dota de equilibrio a la condición humana, sea cual sea el territorio y la naturaleza cambiante del devenir de los tiempos. Piensa que, cada vez que te preguntas si algo es bueno o malo, justo o injusto, verdadero o falso, los mimbres de tu razonamiento basado en la experiencia de los sentidos del pasado y en las emociones te determinan a un juicio. Frases como «los algoritmos tienen sesgos», «las redes sociales son malas», «casi todas las noticias son falsas» o «esta situación no es justa», todas estas sentencias ya revelan tus valores, tu fondo de armario ético donde se pone en un mismo cajón todo lo que se nos muestra.

Intentar una universalidad de todos estos conceptos parece una tarea imposible en unos tiempos de una diversidad y personalización aplastante; lo que es bueno o justo para un colectivo parece no serlo para otro y es, en este espacio, donde se produce el conflicto. El ser humano se encoge en un beneficio a corto plazo y que pasa de un individualismo a un colectivismo de particularidades. Si algo ya te enseñaron estas cartas, es ese pensamiento filosófico frente al ejecutivo y de finales a corto plazo. El VER-DESDE-FUERA de la mirada filosófica te va a proporcionar un nuevo sentido ético de la tecnología pues, ante la arrolladora sucesión de herramientas y su veloz período de adopción, solo quiero que te estaciones a pensar sobre si tu concepto de «lo bueno», «lo justo» y «lo verdadero», que constituye el uniforme de los valores, de la ética y del liderazgo, es extrapolable no ya solo al diseño de políticas y procedimientos, sino al ámbito de tu responsabilidad; y que también pienses que la inteligencia artificial va a seguir el patrón y la dirección ética del razonamiento de tus acciones pasadas. Voy a ponerte un ejemplo para que lo entiendas fácilmente: si introducimos un sistema de inteligencia artificial para evaluar a quién vamos a promocionar en la empresa, los algoritmos te van a sugerir a las personas que, respecto a los criterios del pasado, hayan cumplido las normas de los «mejores» o los «más buenos», ya sea con base en resultados económicos o de comportamiento. Quizá una de las pautas que se tenga establecida para la promoción sea quien lleve más tiempo en la compañía, porque esto se considera un principio de lealtad y esto es siempre bueno..., o no. Para eso sirve la filosofía: para hacerte al menos dudar, te guste o no.

Con esta explicación, quiero que reflexiones sobre si el concepto de «lo mejor» o «lo bueno» sigue siendo válido, no ya en su esencia, sino en los accidentes que lo acompañan. Está claro que siempre hay que promocionar o seleccionar a los mejores, a los más buenos, a quienes dicen la verdad (perdona si no deformo el lenguaje con el género, porque los plurales siempre acogieron a todas las personas, independientemente de su sexo); sin embargo, espero que esta carta te sirva, a partir de ahora, para pensar sobre el sentido y significado de esos grandes conceptos, antes de poner a replicar a la inteligencia artificial. La ética siempre se sitúa en el escenario de la vida práctica, de la acción y alejada de un relativismo que la queda anclada a un no responder de forma más universal a los desafíos de los tiempos presentes. Tus fines, como director general, no deben nunca justificar los medios, ya que el beneficio individual debe incorporar siempre, y de manera proporcional, al de los empleados, y contribuir de manera positiva al bienestar de la sociedad. La tecnología se tiene que cuestionar y adoptar desde el horizonte de la ética, pero piensa que este espacio de tus valores no siempre coincide con lo bueno, lo justo o lo verdadero.

Estacionarnos ante la realidad nos va a dar no solo las respuestas, sino una mirada de interrogación sobre lo *fake*, lo 'falso' que, gracias a los algoritmos, va vestido de verdad deslumbrante y elegante que nos distrae y desequilibra. La realidad virtual deshace los grandes conceptos de la ética diluyéndolos en un descafeinado reglamento que no siempre soluciona nuestra manera de actuar. ¿Es real lo virtual? ¿Son verdaderos los avatares? ¿Es justo el uso ilimitado de las redes sociales sin control? El pensamiento ejecutivo te dará algunas respuestas y espero que los rasgos de la actitud filosófica te den el marco necesario para abordar, de manera más amplia, los desafíos éticos de los tiempos presentes.

16

UNA SOCIEDAD ATRAPADA
EN LA RED

Querido director general:

Vivimos unos tiempos presentes atrapados en la red de lo virtual; una realidad que deslizamos a nuestro antojo, que encendemos y apagamos a nuestra conveniencia y nos erige como verdaderos protagonistas de unas historias que serían imposibles de ser experimentadas en la realidad tradicional. Las redes sociales proporcionan un nuevo modo de «ser» en el mundo sin estar presentes físicamente, pasando de un clásico SER-AHÍ a un SER-EN-TODAS-PARTES; el espacio físico y el tiempo síncrono ya no son condiciones necesarias para el conocimiento de la realidad. Nos conducen a una necesidad de interacción constante; estamos ávidos ya no solo de la observación, sino de conversación con palabras, con iconos, con vídeos o con la voz; ahora, más que nunca, el ser humano se comunica todo el tiempo, en todas partes.

El mundo de las redes sociales es el de los condicionales, de lo que es posible que suceda a nuestro antojo; sin embargo, y será parte de las paradojas que podrás leer en estas cartas, las redes «enredan» y crean un ecosistema de entretenimiento permanente, en el que muchos de los sucesos siguen teniendo una finalidad de presencialidad; nos muestran lo que podemos conocer y nos suscitan el apetito de querer vivirlo verdaderamente. Porque la experiencia real, aunque no la sepamos todavía definir bien, todavía sigue siendo la de los cinco sentidos..., o no, solo.

Nos permiten ser y estar en un mundo más allá, que no nos pertenece; participar en una conversación, aunque sea como observadores aspiracionales, siendo conscientes de que, en la realidad física y presencial, nunca sería posible. Para muchas personas, las redes sociales se han convertido en una condición necesaria y suficiente de estancia de vida, de relación con el otro, de posibilidad de conocimiento, en una realidad del «me gusta», del *like* que, en la mayoría de las ocasiones, da sentido y equilibra una existencia demasiado simple y aburrida, en la que las cosas suceden a una lentitud pasmosa y que no se puede deslizar ni desconectar. No tengas ninguna duda de que, para las siguientes generaciones, los jóvenes con efecto Copérnico, la nueva condición humana, esa que abarca la totalidad de la experiencia, será más virtual que presencial. ¿Acaso no es tan «real» para ellos ese mundo? Allí es más fácil mostrarse como se es sin complejos, a mí me parecen peores los filtros de apariencia que los de esencia y, en el mundo real que hemos conocido tú y yo, muchos aplicaban esa doble moral de decir y pensar lo que no son en realidad.

Y de lo virtual quería hablarte: como habrás podido comprobar, me encanta buscar el significado original de las palabras porque, aunque no creo que los límites del lenguaje sean los límites del mundo, pero sí configuran nuestro entendimiento de lo que sucede. Resulta curioso que este término, del latín *virtus,* que significa 'poder', 'facultad', 'fuerza' y 'virtud', haya conquistado de manera silenciosa todas las esferas de nuestra existencia y cambie la propia naturaleza de cómo vivimos, cómo nos relacionamos y hasta cómo trabajamos. Lo que vemos y oímos a través de las redes sociales adquiere la dimensión de SUPER-REAL, a pesar de que todavía no «huela», no «sepa» y no «roce», y posee la característica intrínseca de la desconexión: si no me gusta o me aburre, paso a otra o la apago. La realidad tradicional todavía nos sujeta al tedio de tener que sucederse a ese tiempo y espacio que impone la física de Newton.

Vivimos en una sociedad distraída y entretenida, «enredada» en un doble mundo real y virtual en el que se borran continuamente las clásicas distinciones; así como nos pasa con la inteligencia, pues qué es lo «natural» y lo «artificial» se tienen que definir de nuevo. Por eso es tan importante pasar de un pensamiento ejecutivo al marco de pensamiento filosófico, ya que este te permite estacionarte, preguntarte, cuestionarte si lo que siempre ha sido así sigue cumpliendo los requisitos de validez, no ya para el futuro, sino para vivir este presente que reivindico en todas mis cartas. Nos encontramos en una completa redefinición del concepto de «realidad», de esa existencia efectiva de algo, de lo que ocurre verdaderamente, de lo objetivo y tangible y, sin embargo, te pregunto: «Lo que puedes "tocar" a través de las gafas de realidad virtual, ¿acaso no es real?». El mundo de las redes sociales y hasta el metaverso, tiene nombre filosófico, como la metafísica aristotélica, se trata de procesos de construcción de otro yo, de una identidad virtual: «¿Cómo será nuestro gemelo digital?», «¿tendrá las mismas virtudes y defectos?». Seguramente, siempre va a ser más bello, más alto, más inteligente, y ocultará parte de esos michelines de realidad que tanto nos disgustan y que, en el mundo virtual, son más fáciles de disimular. Una pregunta tan filosófica como «¿quién soy?» hoy no es tan fácil de dar respuesta, pues dedicamos de media 42 minutos diarios a estar en las redes (seguro que alguno duplica o triplica esa estancia), y muchas personas se cuestionarían si no es más real que el resto de las horas de su existencia convencional; sin embargo, el mundo presencial todavía sigue descubriéndonos los encuentros fortuitos, no previstos, que alteran los acontecimientos y hasta el propio devenir de la vida; de momento, el espacio virtual continúa siendo mucho más previsible, más limitante, aunque no seamos conscientes de ello.

¿Te has preguntado por qué pasamos tanto tiempo en las redes sociales, o en internet en general, o en el mundo virtual en particular? Hay una respuesta bastante sencilla: la realidad actual nos aburre soberanamente; nos parece limitante, frente al mundo de las redes, y no nos permite saltar con la condición de ubicuidad; un hastío de la existencia de los cinco sentidos provocado por el cansancio del ánimo originado por falta de estímulo o distracción, o por molestia reiterada.

Las redes sociales son espacios virtuales donde personas físicas o jurídicas interactúan y crean relaciones con base en sus intereses o actividades (ya se trate de aficiones, temas de actualidad o vínculos de índole personal y/o laboral) de forma rápida y sin limitaciones físicas o geográficas. Se calcula que, en 2025, habrá en el mundo aproximadamente 5400 millones de usuarios activos, procedentes en gran parte de Europa, América y Asia; en el caso de España, el número previsto para ese año asciende a más de 43 millones. Sin embargo, hay una información sobre la que quiero destacar tu atención: de la población mundial «solo» un 60 % son usuarios activos, que no significa generadores de contenidos. Si los datos sobre los que se configura la realidad generativa y predice la inteligencia artificial se basan en su gran mayoría en estas conversaciones, significa que probablemente estén generándose unas opiniones que no representan a la sociedad en su conjunto; sin embargo, el hecho paradójico es que, independientemente de nuestras costumbres morales, las adoptamos a gran velocidad, sin cuestionarnos ya no solo su veracidad, sino tampoco su certeza. Y quizá, a partir de ahora, vayas esbozando una sonrisa al ser capaz, por ti mismo, de cuestionarte muchos de los desafíos de los tiempos presentes. Antes siempre de juzgar, estaciónate, en paralelo, en doble fila, y con los intermitentes puestos, para indicar al resto ya no solo un cambio de dirección en la marcha, sino el pensar mismo sobre el sentido y significado de la trayectoria ética de la existencia.

Nos hemos convertido en observadores de una realidad virtual ante la que saltamos con la seguridad de la red. El mundo real tradicional siempre fue más complicado de existir, vivir y comprender. Este deslizamiento que proporcionan las redes sociales nos otorga la posibilidad de ser protagonistas y creadores, pasando de un SER-AHÍ a un SER-EN-TODAS-PARTES y, sin embargo, nos quedamos con el estar tranquilo del observador; a veces, me parece que es como si estuviéramos sentados en un banco con la expectativa de ver todo lo que sucede más allá de nuestros límites físicos en tiempo real, teniendo la posibilidad de retroceder o adelantar la sucesión de acontecimientos, a la velocidad de «x2», tan distinto al pasar de los tiempos presentes. En esta sociedad enredada y entretenida, todo puede desaparecer con relativa facilidad, sin dejar más rastro o huella que para aquellos que guardan todas nuestras palabras, que vigilan nuestros recorridos por esta realidad y, a partir de ahí, son capaces de sugerirnos, no ya solo lo que queremos, sino lo que nos gustaría: ese mundo de los deseos confesables o no.

Somos todos pasajeros frecuentes de las redes sociales; estamos de paso, dicho de la persona que no reside sino transitoriamente en un sitio. Vemos pasar la vida a través de las *stories* de otros, y quizá es el reflejo de querer ser no solo más felices, sino tener más conocimientos en el territorio de lo que nos gusta, y la mayoría de los contenidos, así como de las personas que vemos o seguimos, son aspiracionales y de una complejidad mínima, que adormece el resto de los sentidos.

Observar no implica cuestionar, pero sí un determinado pasar de un acontecimiento a otro; en cierto sentido, saltar: un salto de una realidad a otra que Kierkegaard lo utilizaba como metáfora de la nueva existencia asincrónica y muy distante del devenir lógico tradicional de un suceso detrás del otro. En el mundo virtual, podemos volver a repetir, volver a ver, volver a experimentar y, en cierto sentido, la correspondencia de estas cartas espero que también te produzca ese efecto. El brinco a otra realidad virtual no siempre implica un punto de no retorno; no es un movimiento que implique ir más allá, sino que, en cierto sentido repetitivo, se vuelve al mismo punto para volver a saltar.

Las redes sociales constituyen, para la mayoría de las personas que tienen una vida de espectro pequeño, complicado y muy repetitivo, un mirar a la realidad sin implicarse, como pasajeros en tránsito de un destino a otro, sin llegar a quedarse en ninguno más que en el lugar de origen. En el mundo virtual, es necesario identificar el sentido ético de nuestro viajar, y un nuevo marco de pensamiento filosófico, frente al ejecutivo, que nos eleve de los detalles y que, con los rasgos de la actitud filosófica, nos ayude a evolucionar más que revolucionar, que significa imprimir más revoluciones de las necesarias a un cuerpo. El «pienso, luego existo» se ha convertido en «estoy en redes, luego soy en todas partes».

17

EL DEVENIR DE LA INCERTIDUMBRE, MARIPOSAS Y CISNES NEGROS

Querido director general:

Como ya habrás podido adivinar, el objetivo de mis cartas no es tanto hablarte sobre un tema concreto, sino hacerte cuestionar su sentido y significado e identificar la propia naturaleza del asunto. La incertidumbre no es una característica de nuestros tiempos presentes, sino que forma parte del devenir histórico, y lo verdaderamente relevante es que la tecnología como sexto sentido nos hace ser más conscientes, y de forma más rápida, de este fenómeno, el cual determina no solo nuestra existencia, sino una concepción de vida basada en la inmediatez, malestar y falta de certidumbre. El desconocimiento de lo que va a pasar en el futuro nos distrae del presente y nos impide planificar a largo plazo, lo que provoca un incremento de la ansiedad del ser humano, por no ser capaz de controlar el devenir de los acontecimientos. Y este hecho provoca una de las paradojas de nuestros tiempos presentes pues, por un lado, no nos gustan los cambios y, sin embargo, los necesitamos para nuestra supervivencia, porque la capacidad de adaptación como especie demanda ese desasosiego, esa curiosidad y pensamiento crítico por lo que sucede de manera sorpresiva o, al menos, así es como se nos manifiesta ante los cinco sentidos. Y la voluntad como poder ante la incertidumbre es lo que nos permite superar este inconformismo con la realidad imperante.

Vivimos con la presencia de un azar desbocado con forma de cisne negro y alas de mariposa que, a diferencia de otros tiempos, no solo cambia de rumbo los mimbres de cualquier estrategia o plan de manera inesperada, sino que lo hace de manera muy rápida y con impacto de instantaneidad global. La nueva dimensión de cambio radical y súbito que posee este fenómeno tiene que ver, irremediablemente, con la tecnología, pues su gran poder, entre otros, a través de cualquier red social o plataforma, consiste no en un cambio en la realidad, sino en una alteración de lo que se nos aparece como cierto y real. El pensamiento ejecutivo te llevará a intentar salvar la incertidumbre, desequilibrando tu visión del mundo permanentemente; sin embargo, los rasgos de la actitud filosófica te invitan a cuestionar la naturaleza de este fenómeno; en definitiva, el orden del tiempo: pasado, presente y futuro, a VER-DESDE-FUERA la aparente aleatoriedad, que significa hacerlo con una mirada con distancia y de raíz, que nos resguarda del imperioso devenir.

El conocimiento inmediato que nos ofrece la tecnología de cualquier suceso, por muy alejado que se encuentre en nuestra dimensión de espacio-tiempo, no nos da mayor seguridad, sino todo lo contrario porque, además, sabemos que, por ese efecto mariposa del que nos habló ya en el año 1952 el novelista Ray Bradbury en el cuento «El ruido de un trueno», señalando que una mariposa puede provocar el desequilibrio en sistemas muy alejados entre sí con el paso del tiempo. La inestabilidad siempre ha tenido las alas de la mariposa de Bradbury y, ahora, su aleteo se ve amplificado por la tecnología. Por otro lado, la «teoría del cisne negro», o «teoría de los sucesos del cisne negro», es una metáfora con la que se describe un acontecimiento sorpresivo para el observador, de gran impacto socioeconómico y, que una vez pasado el hecho, se racionaliza por retrospección, haciendo que parezca predecible o explicable, y dando la impresión de que se esperaba que ocurriera. Fue desarrollada por el filósofo e investigador libanés Nassim Taleb en 2007, en *El cisne negro. El impacto de lo altamente improbable.*

El COVID-19 nos hizo ser conscientes del efecto mariposa y de que los cisnes negros existían de verdad y, desde que me di cuenta de que el fenómeno de la pandemia sanitaria podía volver a repetirse, decidí llamar a esta plaga por el nombre y el año que la habían dado, pues creo que, desde entonces, vivimos esperando otro gran suceso de enorme calado, porque este parón de la actividad puso en jaque no solo la vulnerabilidad, sino sobre todo nos hizo replantearnos nuestro sentido y significado del «ser» y «estar» en el mundo. El virus de presencia global impulsó de golpe la transformación digital y las preguntas básicas sobre nuestra existencia. El frenazo repentino de toda actividad nos detuvo a pensar y, en muchos casos también, supuso trabajar y actuar sin dirección o, peor aún, en todas las direcciones a la vez, debido a que la sociedad, las personas y muchas empresas no estaban preparadas para desarrollar su actividad de manera remota.

La incertidumbre no es la esencia de los tiempos presentes; es un mero accidente de nuestra consciencia y pertenece al mundo de los fenómenos, de lo que se nos aparece como verdadero. No se puede convertir en una forma de ser, sino en una manera de estar, que impacta de lleno en un concepto de tiempo lineal.

Quiero que entiendas a través de estas cartas que lo único que existe es el presente, nuestro SER-AHÍ que la tecnología convierte en un SER-EN-TODAS-PARTES y nos desequilibra y distrae del pasado. Nos desorienta el no saber, el no tener el conocimiento sobre lo que va a suceder pero, gracias a la inteligencia artificial, será más fácil hacer predicciones, reducirá la incertidumbre, nos mostrará un futuro más cierto…, o no. Tendrá más capacidad de analizar, y de forma más rápida, la toma de decisiones, pero no comprenderá que sus predicciones están preparadas para «bañarse en el mismo río» que, parafraseando a mi querido Heráclito, era ese espacio en el que es imposible sumergirse dos veces, ya que las aguas y las personas no son las mismas. En definitiva, no busques soluciones del pasado para escenarios del futuro. Exploramos el devenir sobre dos hipótesis muy simples: desde el determinismo, todos nuestros actos tienen un destino final y, como en los mapas, se pueden alcanzar a través de múltiples rutas, o desde el indeterminismo, todo lo que ha habido, existe y será no está de antemano fijado, y nuestra consciencia de la incertidumbre estará condicionada por uno de los dos pensamientos, o por los dos de forma alterna.

Si te das cuenta, esta variable se da como un hecho negativo en nuestra existencia, cuando debería ser todo lo contrario: pues es este azar el que nos mantiene alerta, y el único espacio en el que se puede generar la novedad. Nos causa incertidumbre observar consecuencias sin aparente causa, lo que se nos aparece de forma sorpresiva, sin un origen determinado; sin embargo, que no conozcamos el principio no significa que no exista; quizá, a través de la tecnología como sexto sentido, sí tendremos por fin ese telescopio de Galileo que le permitió descubrir en 1610 las lunas de Júpiter. Pero, si lo piensas bien, esos astros ya existían antes de que él colocara su mirada en ellos. Mucho de lo que nos muestra la incertidumbre ya estaba ahí, pero no lo habíamos sabido ver, y quizá esto nos lleve a reflexionar sobre si hay un orden preestablecido de efectos que no vemos, o bien que, por estar con demasiado foco en la ejecución sin dirección, o bien porque todavía no nos hemos detenido a pensar, no se nos aparecen.

El pensamiento filosófico, frente al ejecutivo, te llevará a ser consciente de que la incertidumbre es una variable del acontecer de los objetos y sujetos, y ese estacionarse y VER-DESDE-FUERA nos permitirá no solo estar más preparados, sino aprender a recuperar el equilibrio que produce. Parece fácil navegar en aguas calmadas; complicado lo es en la tormenta, para lo cual no solo se necesitan los conocimientos, sino los rasgos filosóficos que te describí en las anteriores cartas. Y ahora te pregunto: «la incertidumbre, ¿lo es o, simplemente, nos lo parece?».

18
HACIA UN MUNDO DE TRANSPARENCIA SIN FILTROS

Querido director general:

La transparencia se ha configurado a través de la tecnología como una de las propiedades de los desafíos de los tiempos presentes. La realidad ahora se nos muestra más rápido, sin intermediarios, en un mundo donde todas y cada una de las personas pueden ser los protagonistas de sacar a la luz una historia y sus momentos de vida. Si lo piensas bien, hasta hace relativamente poco tiempo, la información estaba resguardada por quienes eran los veladores de hacerla pública; sin embargo, lo digital ha rasgado el velo del emisor y del receptor. Las consecuencias de que todo pueda ser contado y difundido en tiempo real trascienden más allá de los límites que comprendemos; la sociedad y el mundo de la empresa se resienten por un impacto de la información y comunicación nuevo, para el que no estaban acostumbradas.

Como te quiero comentar en todas mis cartas, no hablaremos tanto del sentido y significado de este concepto, sino sobre su naturaleza: «¿Qué es la transparencia?». La tecnología como sexto sentido nos desvela y nos saca a la luz fenómenos y apariencias que anteriormente, aunque existieran, no eran tan visibles por falta de medios. El antiguo telescopio de Galileo convertido en internet nos muestra, en tiempo real, instancias de la realidad hasta hace muy poco desconocidas.

Esta característica de la transparencia choca de forma frontal en el mundo de la empresa, donde todavía sigue imperando alguna máxima como «quien tiene la información tiene el poder» y, sin embargo, a consecuencia de los dos grandes desafíos de los tiempos presentes, la tecnología y los jóvenes con efecto Copérnico, deberías cuestionarte si lo que funcionó en el pasado sigue teniendo validez para los tiempos presentes, para un SER-EN-TODAS-PARTES que conoce, o al menos eso cree, una realidad de los cinco sentidos y virtual. El desvelamiento de lo que estaba oculto ha producido en la sociedad, al igual que en el mundo de las empresas, una necesidad imperiosa de comunicar y, frente al medio que provoca lo digital, lo que verdaderamente está en tela de juicio es el mensaje que, de toda la cadena de transmisión, es lo que pone en jaque la credibilidad de lo que se conoce o puede conocerse. El halo de misterio que llevaba engarzado muchos aspectos de la sociedad y del mundo de la empresa con los ritos de lo que debe suceder, se fractura con la llegada de la tecnología que facilita, al ser humano un nuevo «prender el fuego», que le alumbrará aspectos desconocidos y, sin embargo, reales de lo que sucede, y lo convierte en el personaje principal del devenir; sin embargo, muchas personas se quedan relegadas al papel de observadores de esta nueva realidad.

En este aluvión de informaciones, destaca un rasgo de la actitud filosófica esencial para lograr ese fin de mis cartas, que es la «buena vida laboral»: el saber cuestionarse lo que se nos aparece como cierto, el identificar aquello que podemos conocer frente a lo que nos muestra el mundo virtual, y diferenciar entre lo que es verdadero o falso, y que constituye en ámbito de la ética.

La transparencia, frente a la ocultación, siempre nos otorga la libertad con responsabilidad en contra del sometimiento; sin embargo, frente a toda la realidad que se nos muestra en 24 horas y 7 días de la semana, sin pausas ni descanso, por unos emisores llamados en ocasiones *influencers*, te van a requerir potenciar los rasgos de la actitud filosófica, que te permitan un estacionamiento en doble fila, en batería, o como prefieras, pero un breve detenerse ante lo que se nos aparece por todos los lados como cierto y contradictorio a un mismo tiempo.

Quiero que reflexiones sobre algo importante: «El hecho de que tengamos más transparencia sobre lo que sucede, ¿significa más sabiduría para la toma de decisiones o mayor conocimiento de la realidad?». La tecnología ha roto los límites de lo cognoscible, que significa que somos conscientes del mundo global y en tiempo real de lo que se nos aparece y, sin embargo, esto no significa necesariamente que lo comprendamos mucho mejor que antes. En el mundo virtual, deslizamos la realidad, lo que significa que, como observadores, aunque estemos informados, no nos impregnamos de ella para la acción. Al mismo tiempo que para la inteligencia artificial tener más datos la convierte en más *sabia*, al ser humano creo que le produce un efecto paradójico pues, por un lado, le presenta en tiempo real un mundo de fenómenos inalcanzables por los cincos sentidos y, a la vez, lo adormece en una observación de las propiedades fenoménicas de los sucesos; tantos datos e información lo distraen de la esencia, de ese contemplar tan necesario, para no dejarse arrastrar por la corriente de la sobreabundancia de la información. Cualquier algoritmo infantil sabe interpretar, con el disfraz del lenguaje natural, ese mundo de unos y ceros en el que se ha convertido nuestra experiencia ampliada; por esta razón, es importante que comprendas que la propiedad de la transparencia se está transformando en esencial en la configuración de la sociedad y el mundo de la empresa. Para los jóvenes con efecto Copérnico, la transparencia o ese desvelamiento de lo que siempre había estado oculto se convierte en una condición necesaria, que no suficiente, para entrar y permanecer en la caverna empresarial y, asimismo, en uno de los motivos principales para salir de ella.

Como resultado de la tecnología, todos los seres humanos que tengan internet pueden acceder en tiempo real, e independientemente de su SER-AHÍ, de su ubicación espacial y temporal, a cualquier información sobre el estado del mundo; sin embargo, este hecho no nos hace necesariamente más sabios; casi siempre nos desequilibra hacia un horizonte de múltiples opciones, entre las que cuesta saber elegir. Por este motivo es tan relevante uno de los rasgos de la actitud filosófica que nos enseña a tener criterio frente a las opiniones, que nos sitúa en un VER-DESDE-FUERA el mundo de lo que se nos aparece, para tratar de descubrir la esencia que va más allá de nuestro juicio. El pensamiento ejecutivo nos exige engullir la realidad sin apenas masticarla; sin embargo, el pensamiento filosófico no demanda necesariamente una *epojé*, una suspensión del juicio, sino en verdad todo lo contrario: un estacionarse temporal, un punto y coma de lo que se nos aparece como cierto, frente a un punto y aparte que nos impide la acción.

La transparencia sin filtros, como una de las propiedades que condicionan los tiempos presentes, altera de forma significativa nuestra forma de relacionarnos y comprender la realidad, así como nuestro ser y estar en la caverna empresarial, pues esta otorga siempre más luces que sombras. En el transcurrir de la historia, el acceso al conocimiento y la información estaba demarcado por unos rígidos límites de poder, autoridad o rango. En los tiempos presentes, la tecnología ha dado el protagonismo a cualquier ciudadano, independientemente de su posición social, pues el acceso a la información y el conocimiento nunca había carecido de tan pocas barreras. Los algoritmos, o quizá quien esté detrás de ellos, que en el momento de escribir estas líneas serán seres humanos, se alimentaron de los datos para nacer, crecer, desarrollarse y replicar una realidad más simple, más digerible y más fácil. La pregunta que tienes que hacerte no es si más información corresponde a más conocimiento, sino si los jóvenes con efecto Copérnico que nacieron con esta propiedad van a querer relacionarse, comprar o trabajar con empresas no transparentes que oculten de forma intencionada su realidad, su verdadero ser y estar.

19

DE LA APARENTE VELOCIDAD DE LOS CAMBIOS

Querido director general:

Hoy quiero hacerte pensar sobre la velocidad a la que transcurren los cambios y, a diferencia de las otras propiedades de los tiempos presentes, como son la incertidumbre o la transparencia, el cambio pertenece a la esencia de la historia y del ser humano; sin embargo, por el impacto de la tecnología como sexto sentido y de los jóvenes con efecto Copérnico, todo lo que se nos aparece, el mundo de los fenómenos, adquiere una instantaneidad que solo es posible por internet, la red de redes, que no solo nos hace SER-EN-TODAS-PARTES, sino que multiplicó de forma exponencial el conocimiento y la adopción del devenir incesante. Yo te pregunto: «¿Está nuestro cerebro reptiliano, que incluye dos de las tres partes, el tronco del encéfalo y el cerebelo, y que controla el comportamiento y el pensamiento instintivo para sobrevivir, preparado para este suceder instantáneo de la realidad?». Parece que la materia gris, esa que genera los pensamientos intelectuales más complejos y que controla los movimientos corporales, se deja llevar por una nueva realidad que deslizamos a nuestro antojo; una confrontación minuto a minuto que conduce, inevitablemente, a generarnos una angustia vital, un temor opresivo sin causa precisa. En el pensamiento ejecutivo, se necesita conocer el origen para determinar, analizar y ser capaz de predecir con antelación los efectos; sin embargo, la tecnología ha acelerado la comprensión de lo que va a acontecer, de ese futuro que siempre ha sido incierto, pero que a través de los rasgos de la actitud filosófica podemos cuestionar con mayor claridad.

Te diré algo que te hará por lo menos asombrarte y, en segundo lugar, cuestionar el propio concepto de «velocidad». Salvo error u omisión por mi parte, la duración del tiempo es la misma de siempre, los días continúan teniendo 24 horas, la semana 7 días y el año 365, salvo alguno bisiesto. Y, entonces, ¿qué es lo que está ocurriendo en las últimas décadas para que nos parezca que la vida sucede a doble velocidad que antes? El tiempo no transcurre a ninguna velocidad; es nuestra consciencia la que altera la sucesión y el orden de los acontecimientos; esta solo puede ser descrita por anticipado, con la sensación del futuro que avanza, y con el empuje del pasado que nos determina; sin embargo, al igual que la muerte, no puede ser relatada cuando ocurre. Dedicamos cada vez menos tiempo a observar la aburrida realidad; no tiene ningún botón de «x2» y es más imprevisible que lo que nos ofrece la rectangular ventana de lo virtual. El concepto de «tiempo» sobre el que tantos filósofos han reflexionado, por culpa de la tecnología, se ha visto supeditado a la inmediatez que es una magnitud física con la que se mide la duración o separación de acontecimientos, el período determinado en el que se realiza una acción, y esto es lo que ha cambiado radicalmente: aunque en las empresas y sociedad discurre más despacio, y todavía no se comprende que el lenguaje de las redes, lo que acorta de verdad es el tiempo de respuesta. Lo queremos todo, y lo queremos ya, mucho más deprisa que en ese pasado que ya no vuelve, y no solo en la generación de jóvenes con efecto Copérnico.

Antes de preguntarnos sobre el «color» de la velocidad (recuerda el ejemplo de esta propiedad del cielo), vayamos a su definición y su significado, y este concepto hace referencia a una magnitud física con la que se expresa la relación entre el espacio recorrido y una unidad de tiempo. Si las dimensiones de espacio y tiempo se han visto alteradas por los grandes desafíos de los tiempos presentes, la tecnología como sexto sentido y los jóvenes con efecto Copérnico, lo que estos provocan es una disminución no tanto de la duración de las cosas sujetas a mudanza, sino del conocimiento y adopción de los cambios. El transcurrir de los acontecimientos en esa realidad virtual que deslizamos a golpe de los dedos, o de voz, no va a la misma velocidad que la realidad tradicional: esta se empeña en seguir el curso de los tiempos presentes; la otra, en recordarnos una y otra vez qué hicimos o dónde estábamos en un pasado que tiene la existencia de recuerdos vívidos digitales. Aquí se muestra otra de las paradojas de nuestros tiempos: el mundo virtual, más que conducirnos a un futuro, nos recuerda una y otra vez quiénes fuimos y dónde estuvimos el último verano.

Quiero volver a insistirte en el objetivo de esta correspondencia, que es conducirte de tu pensamiento ejecutivo al filosófico, para poder desarrollar la «buena vida laboral» y hacerte pensar que muchas de las dificultades y obstáculos que encuentras en tu día a día no pertenecen a la esencia de la realidad, sino que son meros fenómenos, fáciles de analizar con los rasgos de la actitud filosófica y de disolver. El mundo virtual nos distrae, nos entretiene y, en su intersección con la realidad física y presencial, nos hace perder el equilibrio de los cincos sentidos, de transcurrir lento, con la otra acelerada y deslizada que nos lleva al efecto de perpetua novedad y, a la vez, de desasosiego, angustia y cierta soledad. Te recomiendo, sin duda, que te estaciones, al menos un buen rato, de este devenir veloz y pienses en el «para qué» de todo lo que haces, de tu ser y estar existencial; que te cuestiones, con curiosidad, hacia dónde dirigirte porque, a pesar de esa maldita resiliencia mal entendida, lo que necesitamos no solo es aprender a levantarnos sino, sobre todo, a prepararse para no caernos o no tropezar 10 veces con la misma piedra. Sí, no tengas ninguna duda de que aprendemos y desaprendemos todo más ágil; que lo que nos resulta bueno o malo, verdadero o falso, justo o injusto, el territorio de la ética, cambia más rápido al tacto que al razonamiento.

Te hago cuestionarte si el significado y sentido de lo que sucede a tu alrededor va a la misma velocidad de lo que sucede en el mundo virtual, y la respuesta es, definitivamente, «no». Ya disponemos de esos algoritmos superinteligentes, inmediatos y empáticos que nos resuelven la realidad de forma instantánea y, luego, volvemos a aterrizar en el mundo físico y presencial: en muchas cavernas empresariales, donde la velocidad no solo no es la misma, sino que, además, se cuestiona que funcione de otra manera. Sin embargo, emergen los jóvenes con efecto Copérnico que aceleran los cambios, que no ponen el freno del pasado o del pesado legado; que se atreven a decir lo que piensan, sin miedo, en medio de un presente aparentemente incierto que forma parte de su naturaleza, y de su forma de ser y estar en el mundo.

Finalizando esta carta, quiero contarte que el mundo transcurre a la vez a esas tres velocidades de nuestro cerebro, y que al ser humano, definitivamente, no le gustan los cambios y, sin embargo, sabemos que son condición necesaria para nuestra supervivencia como especie. Quienes sobreviven no son ni los más inteligentes ni los más fuertes, sino los que se saben adaptar, y este hecho frente a la inteligencia artificial nos da, de momento, cierta ventaja. La tecnología viene de serie con una novedad instantánea, acelerada, y aparece esa nueva generación que no solo se enfrenta a los cambios con valentía, sino que se atreve a saltar con una red más grande de la que nunca hubieras imaginado. Observo una necesidad imperiosa de velocidad, que casi siempre conduce a una dirección sin rumbo o al caos. El paso tan acelerado de lo que nos sucede, lejos del asombro y novedad inicial, nos sitúa en la necesidad del estacionarse a pensar sobre el sentido y significado de los cambios, de esa realidad deslizada y virtual que, en su combinación con la física, nos sitúa en la paradoja de la velocidad de los tiempos presentes. ¿Está preparado nuestro cerebro reptiliano para la virtualidad?

20

EL AÑO QUE DESCUBRIMOS QUE LA INTELIGENCIA TAMBIÉN PODÍA SER ARTIFICIAL

Querido director general:

1996. «Jaque al hombre»: con este titular, el representante del género humano, Gari Kaspárov, en lucha contra la máquina, se enfrentaba con Deep Blue. En aquella época, el superordenador de IBM era una computadora de 32 microprocesadores, cada uno de ellos con 8 chips, 32 *gigabytes* de memoria y 128 de disco duro, que lo convertían en un ordenador capaz de calcular por adelantado 50.000 millones de jugadas en 3 minutos. Y ahora, en nuestros tiempos presentes, la velocidad de cálculo ya se multiplicó exponencialmente año tras año. Además, frente a toda esta operatividad y productividad, los artefactos nunca tienen un «mal día», no se cansan y trabajan diligentemente, siguiendo precisas instrucciones sin cometer errores. Para Kaspárov, la victoria de la máquina implicó una superación del género humano en el aspecto intelectual y, desde entonces, tendríamos que aceptar con humildad que las facultades específicas del cerebro ya no serían únicas para resolver la mayoría de los problemas teóricos a los que nos enfrentan los desafíos de los tiempos presentes.

Quería empezar esta última carta recordándote la primera victoria de las máquinas sobre las personas para explicarte que ni la inteligencia artificial es tan «lista» como te están haciendo creer ni los seres humanos somos tan creativos como pensamos pues, en general, nos une un marco de razonamiento y un pensamiento ejecutivo que se nos imparten desde la escuela, un hacer y actuar frente al pensar, y en el que seguramente te sientas identificado en el momento de enviarte esta correspondencia.

Uno de los grandes descubrimientos de los últimos tiempos es la aparición de la inteligencia artificial, y quería hacerte reflexionar sobre cuáles son los aspectos diferenciales del ser humano, pues estamos dotados de cinco sentidos para movernos en un entorno, comunicarnos, aprehender la realidad y percibir diferentes sensaciones: así, el oído, el olfato, el gusto, la vista y el tacto tienen como misión transmitir al cerebro todas las informaciones que, de una manera u otra, captan la realidad tradicional. Permíteme que repasemos los cincos sentidos, por el momento, exclusivos del ser humano para aprender y comprender nuestra experiencia del mundo: la piel, que permite el tacto; los ojos, que proporcionan la vista; los oídos que, además de captar los sonidos, controlan el equilibrio; la nariz, mediante la que se perciben los olores, y la lengua, con la que se distinguen sabores con el sentido del gusto. Si a alguno de ellos le eliminamos la parte física y presencial, cualquier simple algoritmo ya tiene más «tacto», «oído» u «olfato» para saber lo que nos gusta y apetece que muchos humanos. Era el contacto y la presencia la que hacían, desde un pasado corpóreo, que las cosas vistas y palpadas fueran reales y, en particular, que los individuos que vemos y tocamos sean, en nuestra percepción, personas existentes e identificables. La realidad virtual pone en jaque todo esto, y reaparece esa pregunta de tan difícil respuesta: «¿Es real lo virtual?».

En nuestros tiempos presentes, con la aparición de esta tecnología replicativa, yo no la llamaría de momento «generativa», no tengo ninguna duda de que Nietzsche hubiera configurado a su «superhombre» de una manera distinta y vendría dotado de inteligencia artificial, una disciplina científica ocupada en crear programas informáticos que ejecutan operaciones comparables a las que realiza la mente humana, como el aprendizaje o el razonamiento lógico. Y espero que ya te cuestiones, después de las cartas que has recibido, si el ser humano sabe hacer algo más allá de generar unos patrones de comportamiento y realidad que imitan, con una similitud pasmosa, a un pasado que ya no existe, generando una realidad más objetiva y con más datos, pero sin cuestionarla, y con una lógica en el horizonte de unas causas que no tienen por qué tener los efectos esperados. La inteligencia artificial hace poesía, pero no tiene sentimientos sobre ese hacer; entonces, ¿qué sentido tiene crear? Por este motivo, me gusta más hablar de realidad virtual que de inteligencia artificial, ya que no la considero a esta ni tan lista ni a la mayoría de los seres humanos con quienes me cruzo en mi travesía de vida tan creativos. Tenemos que pensar y cuestionar el concepto de «inteligencia», pues la capacidad de entender o razonar ahora ya no es estrictamente humana. ¿Nos queda lo emocional? ¿El mundo de los sentimientos o la empatía? La Ilustración nos hizo razonables; la filosofía del siglo xx, analíticos, y ¿dónde queda entonces el ser humano? No esperes respuestas a través de mis cartas; ya te dije, desde un inicio, que el pensamiento filosófico solo provoca preguntas.

Como te indiqué desde el comienzo de esta correspondencia, estas letras tienen como objetivo cuestionarte lo que se nos da como cierto y verdadero en el transcurrir de los tiempos presentes y, aunque la tecnología ya está dotada de «temperatura» a la hora de dar respuestas, se enfrenta a ese mundo a tres velocidades en el que, en el fondo, transcurre la esencia del *Homo sapiens*. Hoy ya existen muchos algoritmos con más empatía que la mayoría de los «semidioses» que he conocido en las diferentes cavernas empresariales por las que ha sucedido mi larga existencia. Si por este término entendemos una identificación mental y afectiva de un sujeto con el estado de ánimo del otro, lo digital nos ha atrapado, que significa que sabe en todo momento y lugar lo que nos gusta, lo que nos apetece y algún algoritmo más listo es capaz de vislumbrar, a través de las *cookies,* ese mundo de los deseos que no nos atrevemos a expresar con palabras. Por este motivo, la naturaleza del trabajo y del liderazgo ya han quedado definitivamente impactadas por este desafío de nuestros tiempos presentes. Vivimos en una vanguardia de fenómenos extraordinarios; efectos insólitos frente al aparecer de nuestros cinco sentidos, que nos hacen dudar sobre la eterna pregunta de lo que es real, de lo que se nos aparece en el mundo tradicional y sobre el sentido de nuestra existencia, así como de la vida laboral. Y, por ello, necesitamos un nuevo marco de pensamiento filosófico, donde se descubra e incorpore la tecnología como un sexto sentido, no que la critique sin más, sino que cuestione su sentido y significado ético.

Creo que, en general, todavía no somos muy conscientes de un hecho que se produjo el 20 de noviembre del año 2022, del que se habla mucho y se practica todavía poco. Nace ChatGPT, una aplicación de *chatbot* de inteligencia artificial desarrollada por OpenAI en la que, a diferencia de otras tecnologías anteriores, se utiliza el lenguaje natural para comunicarse con los humanos. Es imposible llevar el recuento de todas las herramientas, pues cada día los gigantes tecnológicos sacan nuevas y las incorporan ávidamente a sus motores de búsqueda y dispositivos móviles para facilitarnos la vida; sin embargo, una de las preguntas que debemos formularnos es: «¿Nos hacen cada vez pensar menos, o justo lo contrario: nos interpelan a cuestionarnos lo que se nos aparece como cierto, verdadero, justo o real?». Uno de los grandes problemas a los que te enfrentarás a través de estas cartas será garantizar la fidelidad de los hechos auténticos. Las viejas distinciones entre lo que es específicamente humano y tecnológico se hacen más complejas, pues ya eres consciente de que los procesos de automatización de tareas vienen de lejos, y ahora parece que estos algoritmos tan listos van a quitarnos toda nuestra esencia humana y, sin embargo, es justo todo lo contrario: nos llevarán a un nivel superior de inteligencia, aquella que fue siempre la de nuestro territorio. La tecnología no solo se convierte en una prolongación de nuestra mente, sino de los sentidos (de la vista y el oído), haciendo emerger nuevas capacidades que antes no existían (comunicarse con personas en tiempo real que están situadas en coordenadas espaciales muy alejadas) o incluso suprimir algunas tareas (la realización de algunos trabajos manuales). Por ese motivo, se convierte en un sexto sentido humano, pues es uno de los elementos con mayor capacidad de transformación sobre nuestras vidas y sociedades, que impacta de lleno sobre la capacidad de relacionarnos con otros y la propia naturaleza del trabajo y del liderazgo.

¿Qué se espera de los humanos frente a la inteligencia artificial? Pues, de momento, que sepamos, «tocar las emociones», más allá de los estrictos procedimientos, políticas y reglas de las cavernas empresariales y la sociedad; que rocemos el asombro y naveguemos con equilibrio en el terreno de lo inesperado. Se necesitaba construir una nueva definición del «ser humano» frente a la inteligencia artificial. El sueño de esta última no produce monstruos, sino más sombras, esos seres fantásticos que causan espanto y asombro al mismo tiempo; avatares que son capaces de replicar en cualquier idioma un mundo de los fenómenos en los que, a pesar de la duda inicial, se los ve con un halo distinto al ser humano: ¡tan perfectos! Y, en ese devenir de novedad constante que nos aporta la tecnología, lo que en un primer momento asombra enseguida aburre. Por mucho que los cambios se sucedan a lo largo de toda la historia, la naturaleza del ser humano no está preparada para su veloz acontecer y, aunque el mundo de las apariencias mute, —eso que se nos aparece con el sexto sentido de la tecnología no había sido visto ni oído nunca antes—, nuestras ideas en cierto modo eternas, del bien, lo bueno, lo malo, lo justo o lo injusto, siguen permaneciendo incólumes en el transcurrir de los tiempos presentes. Esas grandes conceptualizaciones siguen marcando el rumbo de las decisiones y señalan la estela de los patrones de lo que genera la inteligencia artificial. Se abre un abismo magnético, vertiginoso y que nos da la sensación de barranco, de enfrentarnos a unos límites que van más allá de nuestra naturaleza como seres humanos, exigiéndonos que renunciemos a una forma de trabajar, repetitiva; y la inteligencia artificial nos interpela a aceptar que la realidad es muy diferente a como la habíamos imaginado. Ha llegado la hora de cuestionar la verdadera naturaleza humana, y esto impacta de lleno en el objetivo de esta correspondencia: como alcanzar la «buena vida laboral».

En definitiva, con la llegada de la inteligencia artificial se pone en cuestión a qué podemos atribuir, en nuestros tiempos presentes, el adjetivo de «humano». Estas habilidades tan nuestras, primero, nos distinguieron del reino animal y, ahora, de la tecnología, pues todavía me encuentro a muchos seres humanos en las empresas y en la sociedad que parecen chimpancés, con todo el respeto para esta especie, intentando replicar mecánicamente tareas y saltando ante recompensas fáciles; estos grandes simios, con sus esbeltos brazos largos y, en ocasiones, expresiones faciales más tiernas que las de muchos humanos, me hacían cuestionarme muchas veces nuestro futuro frente a la inteligencia artificial. A pesar de sus rostros vacíos de humanidad, las máquinas casi siempre resultaban más atractivas y más resolutivas para el día a día. Solo quiero que te quedes con esta idea: los algoritmos no tienen miedo; algunos seres humanos sí, y los jóvenes con efecto Copérnico lo eliminan como variable de su toma de decisiones. La gran pregunta será: «¿Qué es lo que te distingue de lo artificial?». Y «¿qué es lo que te hace específicamente humano?». Imagínate ya como Diógenes, filósofo del siglo I a. C., de quien se dice que vivía en una tinaja, en lugar de una casa, y que de día caminaba por las calles con un candil encendido diciendo que "buscaba hombres" (honestos). Nuestro destino será el mismo, pero con un pequeño matiz, buscar a seres humanos frente a los avatares de la inteligencia artificial.

EXCURSO INTERMEDIO

Querido lector, si has conseguido llegar hasta aquí, no será simplemente porque haya logrado despertar tu curiosidad, sino porque le has encontrado alguna utilidad práctica: espero que no solo para ti, sino para todos quienes te rodean. Quería compartirte una intimidad que me sucede cuando escribo, como si este acto no fuera en sí mismo como un desvestirse ante el otro. Hoy ha sido una tarde dura de repaso, reconstrucción y reorganización de algunas cartas pues, en la actividad de pulir y repasar los textos, hay veces que los rehago enteros, debido a que el sentido y significado ya cambió desde que fueron escritos. Hay tardes que me cuesta ver el final, quizá porque el principio ya cambió radicalmente. Por ese motivo, y en esa característica de novedad constante e imperiosa de la realidad que podemos deslizar, voy a permitirme, en esta última sección, la osadía de cambiar al narrador de esta correspondencia, pues creo que el director general tiene derecho a replicar, a dialogar frente al incesante e intenso monólogo de Sofía. No era lo que tenía previsto, pero así son los libros.

LIBRO III

REFLEXIONES DE UN DIRECTOR GENERAL SOBRE CÓMO ALCANZAR LA BUENA VIDA LABORAL

21

DE LAS REFLEXIONES DE
UN DIRECTOR GENERAL

Estimada Sofía:

No sé todavía muy bien quién eres y, aunque por todos los medios voy a intentar averiguarlo, no quería dejar la oportunidad de escribirte y comentarte, después de recibir tus cartas, cómo veo los desafíos en general de las empresas y de los tiempos presentes para conseguir la «buena vida laboral» y existencia en general. Al final conseguiste tu objetivo y has logrado despertar mi curiosidad, motor primero que ha provocado todas las reflexiones que quiero hacerte. Tengo ya la firme convicción de pasar de mi obsoleto pensamiento ejecutivo al filosófico y, aunque no me hayas dicho de forma directa que me das un plazo para hacerlo, sé que no me queda más remedio si quiero dar solución a los retos que tenemos todas las organizaciones y conquistar a los jóvenes con efecto Copérnico y, como tu los llamas, al resto de generaciones de las empresas. Con el concepto de esa juventud que me has descrito, tengo alguna discrepancia, como casi con todos los demás, pues me encuentro a algunos/as (yo sí voy a ser políticamente correcto) que tienen una mentalidad y forma de actuar más anticuada que la generación de mis abuelos y ya es decir, que ha transcurrido mucho tiempo. Mientras leía tus cartas, me he ido apuntado algunos términos muy filosóficos que voy a ir aplicando, ese *learning by doing* que tanto nos gusta en las empresas.

Tu correspondencia me revela muchas contradicciones ante las cuales ya sé aplicar la suspensión temporal de mis opiniones , adaptadas a la aparente velocidad de los cambios (te advierto que, cuando utilizo este tipo de terminología en las cavernas empresariales, me miran muy mal), y ahora, antes de juzgar, he aprendido a «estacionarme» —¡qué gran término me has descubierto!—. Igualmente creo que me has hecho darme cuenta, aunque no me lo hayas dicho de forma explícita, que el liderazgo no es un estilo; yo lo he interpretado como una fuerza no vertical que debe llevar al acto todo lo que se encuentra en el fondo de todas las personas, realizándolo no mediante la formación, sino a través del ejemplo, que deforma y transforma al mismo tiempo. Puedo intuir tu cara de asombro al escribirte estas líneas; seguro que te alegras al ver estas letras algo más sofisticadas que mi discurso habitual lleno de mitos, tópicos y lugares comunes. Al ser ya consciente de los rasgos de la actitud filosófica, detecto tantos errores en mi forma de gestionar personas que, verdaderamente, los «semidioses», como tú nos llamas —y, a pesar de que me siente fatal, te lo aceptaré—, tenemos que derribar, a través de esta disciplina, muchos sesgos referidos al «esto siempre se ha hecho así y funciona» y al, «en esta casa, se hacen las cosas así». La filosofía para mí, ayuda a desenmascarar el liderazgo, me puedes copiar la frase sin problemas, ¡creo que es muy buena!

¡Qué gran responsabilidad tengo por delante! Y, sin embargo, ahora ya soy consciente de que, con mi voluntad, es posible no solo abordar los desafíos de los tiempos presentes, sino dar un sentido y significado más ético a la trayectoria de todas las personas que trabajan en la caverna empresarial; no solo desde un plano individual, sino social, y que nos abre la puerta a un marco de pensamiento y gestión radicalmente nuevo.

Los desafíos de los tiempos presentes que me has relatado a lo largo de toda esta extensa correspondencia, la tecnología como sexto sentido y los jóvenes con efecto Copérnico, impactan de lleno en las empresas que tan bien conozco; unas todavía demasiado oscuras cavernas, con más sombras que luces, y en las que algunos efectos, como la transparencia o la incertidumbre, están resquebrajando a gran velocidad las paredes, lo que provoca unas grietas enormes por las que escapan las nuevas generaciones y alguna de las antiguas que también se atreven. En una sociedad enredada y entretenida veo necesario, primero, identificar los síntomas de la decadencia de la cultura y valores en las empresas para, en segundo lugar, con el nuevo marco de pensamiento filosófico que me has proporcionado, ver cómo poder abordarlos con los rasgos de la actitud filosófica, tarea francamente difícil, a la que espero estar a la altura.

Sin duda, asistimos a la vertiginosa agonía de todos los principios y certezas que han configurado, durante años el comportamiento de las personas en las empresas azuzados por unos «semidioses» como yo, y se hace necesaria una evolución desde un pensamiento ejecutivo que ha construido unos gruesos sesgos y ha dado forma a los trabajadores a nuestra imagen y semejanza. Varios de los síntomas que te relataré a continuación son consecuencia de ello. Aspectos como el incremento del absentismo, o la rotación, o la dificultad para lograr el compromiso, tanto de los clientes como de los empleados gracias a tus cartas, me han hecho estacionarme a pensar sobre si ese pesado legado de lo que siempre se ha hecho así, arrastrado hacia el presente, lo hunde al haber cambiado las condiciones de vida en las cavernas empresariales. Ese SER-EN-TODAS-PARTES (me encantó este concepto, aunque yo añadiría: y en ninguna parte a la vez) que nos imprime la tecnología desplaza, y no solo en los jóvenes, pero sí en estos de forma más radical, una presencialidad que demandamos los jefes como algo necesario para crear cultura y compromiso. Estoy seguro de que los rasgos de la actitud filosófica me permitirán un reto muy complicado: alcanzar la «buena vida laboral», y gestionar a las distintas generaciones con una concepción muy distinta de lo que significa el trabajo, así como entender mejor a los jóvenes con efecto Copérnico cuya actitud revela, cual oráculo, lo que tantos otros empleados nunca se atrevieron a decir.

Y, por último, en esta sociedad liada por la tecnología, y en cierto modo confusa, me has provocado debido a la actitud filosófica, una visión diferente de todo lo que sucede a mi alrededor, no sé si es desde fuera, como tú lo llamas, pero para mí es ese efecto casi mágico que me ha descubierto esta disciplina.

Gracias por todas tus cartas. Me han hecho dudar de todos mis principios, que aparentemente creía que eran ciertos y verdaderos.

22
```

# ALGUNOS SÍNTOMAS QUE IMPIDEN ALCANZAR LA BUENA VIDA LABORAL

Querida Sofía:

Puedes advertir, en cómo te dirijo estas cartas, que he cambiado el encabezado por una forma de amistad que me has enseñado; el «estimado» era parte de un lenguaje que reflejaba mi naturaleza distante y cortante y altamente valorada en el estilo de dirección de los años ochenta. La «curiosidad» y el «estacionarme» me han ayudado a comprender que la naturaleza del trabajo ya ha cambiado y, si aceptamos como cierto este hecho, nada de lo que se nos daba por verdadero en las empresas puede ser abordado de la misma forma. Me he dado cuenta que ese pensamiento ejecutivo, como le llamas tú, no orienta de forma adecuada la gestión de personas, y me pregunto: «¿Las estamos dirigiendo los jefes en la dirección correcta?». ¡Qué gran responsabilidad me has descubierto! Y, además, gracias al rasgo de la actitud filosófica de la humildad, me
```

he dado cuenta de que ese mirar desde arriba de los «semidioses» no tiene nada que ver con el VER-DESDE-FUERA que te permite el pensamiento filosófico que me has presentado.

«¿Puedes creértelo?» Considero que uno de los primeros síntomas que impiden alcanzar «buena vida laboral» en las empresas es la comunicación y el lenguaje como nos expresamos y, más allá de que sea inclusivo y diverso, que por supuesto también, tiene que ser ejemplo y reflejo no solo de lo que somos, sino de lo que deberíamos ser. En las cavernas empresariales, no tenemos realmente consciencia del impacto de cómo comunicamos, que en el fondo es como somos y como nos relacionamos con otros, pues la comunicación creo que no solo es el reflejo de un estilo, sino la propia esencia del liderazgo, y en casi todas las empresas no le damos la importancia que se merece.

Para escribirte sobre los problemas que detecto para alcanzar la «buena vida laboral», me vas a permitir que te haga un listado, comprende que no me voy a quitar de un plumazo mi pensamiento ejecutivo de la tarea a tarea. El primero que te he mencionado es la «comunicación», en la que voy a incluir igualmente el tono de voz, la mirada y los gestos, pues considero que todos los «jefes» (tampoco me gusta este término; a ver si descubro otro) deberíamos estacionarnos a pensar cómo nos relacionamos con los empleados, y cómo esto impacta de lleno en el comportamiento que se espera de nuestra gestión. Siempre tuve un tono de voz agudo, serio, y me has descubierto, a través de los rasgos de la actitud filosófica, sobre todo con el de la «amistad», que tan alejado lo consideraba del entorno profesional, que una sonrisa franca tiene más fuerza para predisponer a la acción que densos cursos de formación; esa posición del cuerpo a través de las palabras y los gestos muestra más que dice y constituye el ejemplo tan necesario para que los demás actúen. Esto ha sido uno de los grandes descubrimientos de tus cartas, por eso, quizá te lo cuento al principio.

El segundo —y tranquila, que voy a intentar mantener la extensión ligera de tu correspondencia— es que creo que damos demasiado peso en la toma de decisiones a un legado que, dentro de la línea del tiempo, correspondería a un pasado, en lugar de centrarnos en el presente. Obviamos, a menudo, que las circunstancias ya cambiaron radicalmente por la tecnología como sexto sentido, y que esta nos abre un mundo virtual donde intentamos jugar con las mismas reglas que antes, sin darnos cuenta de que la forma de gestionar a los empleados ya cambió conceptos tan profundos como el del «reconocimiento». ¿Te puedes creer que los jóvenes con efecto Copérnico dan más valor a mi *like* en redes que a la palmadita en la espalda que tanto me gustaba? No entiendo nada, me haces dudar de todo, y eso creo que es bueno, aunque antes de leer tus cartas me pareciera mal.

En tercer lugar considero que todos los jefes, quienes tenemos la responsabilidad por lo que sucede en las empresas, deberíamos pensar sobre lo verdaderamente más importante, y cuestionar sobre cuál es el origen de la «buena vida laboral»: seguir las normas y políticas, o actuar conforme a los valores y la cultura. En las cavernas empresariales, diseñamos las reglas para que todo funcione con unas condiciones del pasado y, además, penalizamos de forma clara a quien se las salta o no las cumple. Ahora me has hecho cuestionarme todo lo que hacía —ese es uno de los objetivos de siempre de la filosofía, ¿no es así, Sofía?—; Y, si tantos procedimientos nos constriñen más que nos hacen crecer con libertad y desde la responsabilidad, ¿por qué no cambiarlos? ¡Ay, Sofía, deduzco que es un nombre ficticio!, la inercia de mi estilo de liderazgo me ha cegado durante todos estos años.

Hay un pensamiento encubierto en todo esto que te cuento y que quiero confesarte, puesto que se encuentra detrás del subconsciente de muchos jefes, y está relacionado con la gestión de personas: estresar a otros es bueno, ¡claro! Seguro que piensas que, desde la posición de poder, es lo que toca; sin embargo, me he dado cuenta de que ya no sirve para nada, y no solo con los jóvenes con efecto Copérnico, sino con el resto de las generaciones. Angustiar, agobiar, amedrentar, atosigar y acototar solo produce un efecto, y no tengas ninguna duda al respecto, y es el desánimo o la tristeza, y está directamente relacionado con la baja productividad, la rotación, el absentismo y la ausencia de «ganas». Y, si todos los semidioses somos conscientes de ello, me pregunto por qué no hacer nada para solventarlo, quizá tendría que reenviar tus cartas a otros jefes.

Otro de los síntomas relacionados con el compromiso, y que directamente impide alcanzar la «buena vida laboral» —utilizo esta expresión, aunque todavía no me hayas mandado tu carta, y en la que espero que me la describas con pelos y señales—, es la idea del «liderazgo» basado en la presencialidad, e imprescindible para que se pueda dar la cultura y el *engagement* (déjame utilizar algún anglicismo). Muchos jefes lo consideramos como condición para que se dé la productividad; sin embargo, creo que esta hipótesis ya no es válida o, al menos, para algunos trabajos, por culpa de los desafíos de los tiempos presentes. Pensando sobre esto, he encontrado una paradoja que me ha llamado la atención: sabemos cómo actuar y relacionarnos en una nueva realidad virtual, que ya me has convencido de que existe y, sin embargo, para trabajar o crear cultura empresarial, demandamos presencialidad. Ya he comprendido que el pensamiento filosófico no tiene respuestas, sino esas preguntas, tan difíciles de obtener si uno no se estaciona y tiene curiosidad por conocer lo que sucede desde otra perspectiva: «¿Es mejor el trabajo presencial o el que se desarrolla de manera remota?» ¡Alerta!, ya estoy en el territorio de la ética; lo bueno, malo, justo o injusto demanda un cuestionamiento sobre lo que se nos aparece como cierto. Estoy contento: ¡casi ya me expreso como tú!

Me inspiraron mucho tus cartas hablándome desde otra perspectiva diferente sobre los fenómenos de nuestros tiempos presentes; me has hecho poner en duda esa incertidumbre que parecía determinar todas mis decisiones, comprendiendo que la transparencia es ya algo intrínseco a la realidad, y que cualquier persona la tiene que llevar mediante su ejemplo a la práctica. Te puedo imaginar una sonrisa irónica al leer esto pues, si has pasado por tantas cavernas empresariales como dices, sabrás que, en muchas de ellas, esto de la claridad es todavía pura cosmética.

Y me vas a perdonar, pero tenía que acabar esta serie de cartas que te voy a enviar hablando del «liderazgo», de lo que debería ser y de lo que tengo claro que no puede seguir siendo un líder. En las oscuras cavernas empresariales nos olvidamos fácilmente de los sentimientos, rigiéndonos por la imperiosa lógica del pensamiento ejecutivo; sin embargo, en un mundo cada vez más mediado por la inteligencia artificial, descubrí la importancia de saber «tocar las emociones» que está por encima de los datos, patrones, reglas y procedimientos, pues atañe a la misma esencia de los sentimientos de las personas que intentamos eliminar por todos los medios de las empresas y que, por este motivo, nos impide alcanzar la «buena vida laboral». Tu idea de que los rasgos filosóficos se encuentran en el fondo, y que gracias al liderazgo como fuerza y no como estilo podemos llevarlas al acto y cambia de raíz mi gestión de las personas, lo que cuestiona de forma radical e inmediata el liderazgo, la cultura, el propósito y los valores de todas las cavernas empresariales.

Gracias.

23

DE LA CAMBIANTE NATURALEZA DEL TRABAJO

Querida Sofía:

Si me preguntaras antes de leer estas cartas sobre qué ha cambiado respecto de la naturaleza del trabajo, mi respuesta hubiera sido radicalmente distinta; me habría centrado en los accidentes y no en la esencia de este concepto, como lo llamas tú. La tecnología como sexto sentido y los jóvenes con efecto Copérnico —por cierto, debo decirte que me encantaron estas dos ideas, que ya te he copiado y las utilizo desde entonces en todas partes— han modificado definitivamente todo. El espacio físico y el tiempo síncrono ya no son la condición necesaria, al menos para la ejecución de muchos trabajos, en los que antes de la llegada de la tecnología, se hacía necesario estar en un lugar y, además, hacerlo con una duración determinada: ¿40 horas? De hecho, este es uno de los aspectos que más quebraderos de cabeza nos están dando a los «semidioses» pues, debido a la automatización, y con la llegada de la inteligencia artificial, muchas tareas pueden ser desarrolladas en menor tiempo y ni siquiera tan solo por seres humanos. Entonces, he reflexionado sobre si se necesitan las mismas horas, la misma jornada laboral que hace cincuenta años, con una paradoja evidente: en un mundo 24/7 virtual: ¿cómo voy a organizar a partir de ahora mis turnos de trabajo presenciales? Ya, ya lo sé que la filosofía no da recetas, pero desde ya te digo que lo voy a hacer poniéndome en el lugar del otro, y con los rasgos de la actitud filosófica de la «amistad», la «creatividad», y la «humildad» y además creo que conseguiré más productividad y menor absentismo que con ninguna otra medida.

Me ha resultado increíble darme cuenta de cómo impacta intentar conseguir una «buena vida laboral» y cada una de las decisiones que tomamos en las empresas respecto a cómo planificar la fuerza de trabajo. Tengo el gran desafío de volver a pensar las funciones, tareas y competencias de los puestos, y te pondré un ejemplo: el otro día le pedí al director de *marketing* un plan comercial para una de las campañas que queremos lanzar y, al mismo tiempo, también por probar, se lo solicité a la inteligencia artificial, la cual, dicho sea de paso, no te pone nunca mala cara: se lo puedes requerir a cualquier hora, no le afecta la desconexión digital y, además, lo realiza en tiempo récord. Esperé una semana a tener el informe «humano» y me sorprendió encontrarme que eran idénticos, con algunos retoques ligeros, y ese simple hecho me dio que pensar que en realidad, la naturaleza de muchos trabajos ya habían cambiado definitivamente. Para algunos de ellos, necesitaremos menos horas para llevar a cabo las mismas tareas que antes;

entonces, se me plantea un dilema, porque entra dentro del territorio de la ética, de lo que me has enseñado que sucede entre lo bueno, lo malo, lo justo o injusto o lo verdadero o falso. ¿Reduzco la jornada de trabajo, la mantengo o despido a mis trabajadores? ¿Cuál será la mejor solución? Gracias a los rasgos de la actitud filosófica, me he dado cuenta no solo de la importancia de hacerse preguntas, sino de poner el foco en la raíz de lo que sucede, de lo que se nos presenta como aparentemente cierto. Respecto al tema de la naturaleza del trabajo, considero que ha de tener un propósito distinto, un «para qué» donde se persiga esa «buena vida laboral», no teniendo solo un beneficio para la empresa ni solo para el trabajador, pues debe unir el bienestar del empleado, de la organización y, por supuesto, contribuir a mejorar la sociedad. Y en esto deberíamos estar pensando todos los «semidioses» (creo que es la última vez que me voy a llamar así).

He descubierto, escribiendo, que estas cartas están también un poco dirigidas a mí mismo: me hacen pensar pero, sobre todo, cuestionarme y además me permite «estacionarme». Si gracias a la tecnología tenemos más tiempo —otra de las grandes contradicciones, pues parece que se tenga menos—, podríamos aprovecharlo para otras tareas, y no solo estoy pensando en ver series de Netflix, o de cualquier plataforma, no vayas a pensar que estoy haciendo publicidad. Tendremos que potenciar la «creatividad», ese rasgo filosófico que todavía tanto me cuesta y del que sé que, además, tengo que ser ejemplo para todos mis empleados. Pensar sobre los desafíos que tenemos en las empresas no debe producir tedio, pues me da la oportunidad de generar soluciones colaborativas, y fomentar que todos se sientan responsables, haciendo un gran ejercicio de humildad. Me he dado cuenta de que el mirar desde arriba jerárquico del pensamiento ejecutivo no es siempre mejor, sino todo lo contrario.

Si ya todo nuestro comportamiento y forma de relacionarnos con el mundo y las personas cambió por la tecnología como sexto sentido, ¿por qué parece que en el trabajo no varía nada? Bueno, algo sí lo hizo desde que llegó el COVID-19, pues demostró con evidencia científica que, para muchas funciones y tareas, no se requería un determinado espacio físico como condición para desarrollarlo. Y, claro, esto tuvo un gran impacto en las estructuras férreas de las cavernas empresariales: conceptos como «control», «confianza», «libertad» o «responsabilidad» se pusieron en tela de juicio al eliminar la presencialidad. Y, aunque parezca que no, para los trabajos que siguen y, además son muchos, requiriendo desplazarse a un espacio y realizarse en un tiempo y turnos determinados, también algo se ha resquebrajado: el querer tener una «buena vida laboral», pues este concepto creo que está directamente relacionado con el equilibrio de la vida personal, y eso parece que nos cuesta entenderlo a los...jefes (no soy capaz de encontrar de momento otra denominación, aunque esta tampoco me guste). Estoy deseando recibir la carta sobre este tema, aunque ya me has dicho varias veces que la filosofía no da recetas.

Algunos de mis colegas me dicen que no todo el trabajo se puede realizar de forma remota, y todavía muchos de los empleos tradicionales se llevan a cabo en las mismas coordenadas físicas y temporales que antes; sin embargo, los jóvenes con efecto Copérnico imponen unas condiciones laborales diferentes, y no es que no tengan «ganas» —no soy tan clásico como piensas—, sino que su propósito de vida laboral es completamente distinto al nuestro: demandan un equilibrio entre la vida laboral y la personal. Han roto el silencio que se imponía a toda una generación y llegan sin miedo a las cavernas empresariales, para decir lo que les parece malo, injusto o falso; por ese motivo, veo necesario cuestionarme todo lo que se ha dado por cierto y seguro en el tranquilo horizonte del pasado. Y, además, por otra cuestión que aunque quizá no te parezca tan altruista, es muy cierta, y es que, por la envejecida pirámide poblacional, no solo de nuestro país, sino en general, necesitamos «enganchar» a esta nueva generación. Y para todas las demás, ese vivir en el presente, y en todas partes del mundo virtual, su SER-EN-TODAS-PARTES, como lo denominas tú, no demanda solo nuevas fórmulas y recetas, más allá de poner más comida saludable, más días de teletrabajo, o mejorar la organización de los turnos para conciliar, sino que exige pensar la propia naturaleza del trabajo, así como el «para qué» trabajamos, un nuevo propósito.

En definitiva, ahora ya soy consciente de que los desafíos de los tiempos presentes cambiaron de forma radical no solo la naturaleza, sino el sentido y significado del «para qué» vamos a trabajar.

Gracias.

24

DEL ETERNO PROBLEMA DE LA COMUNICACIÓN INTERNA

Querida Sofía:

A pesar de llevar muchos más años que tú trabajando, soy consciente de que la comunicación constituye la esencia de la gestión de personas, tanto en el ámbito laboral como en general en la sociedad, y los desafíos de los tiempos presentes, la tecnología y los jóvenes han destapado, cual caja de Pandora, sus efectos. En el pensamiento ejecutivo se ha entendido, desde siempre, que tener la información era la base del poder y control sobre los demás. Me pregunto, día a día, por qué nos cuesta tanto no solo compartir con los empleados la información, sino además hacerlo en la forma, manera y tiempo pertinente. En épocas de incertidumbre, y aunque ya sé que es menor de lo que nos parece, el saber y conocer elimina de golpe la angustia y el estrés: enfermedades modernas que nos lastran no solo la productividad, sino también el compromiso, ese vellón dorado para nuestras empresas.

Emisor, receptor, canal y mensaje han cambiado de raíz gracias a la transparencia e instantaneidad de las redes sociales. Esa sociedad enredada de la que me hablaste tanto parece que se queda a las puertas de las cavernas empresariales. Ocultar información o no ponerla al alcance de todos en el momento y tiempo requerido, para mí, tiene un origen que es fácil de adivinar, y bastante simple: no se confía en las personas, así de claro. Al estacionarme a pensar he considerado que la falta de comunicación, más allá de su veracidad, que también es relevante, es uno de los factores que impide alcanzar la «buena vida laboral». Los emisores jefes tenemos la obligación de desatascar esas estrechas tuberías por las que transcurre la información en las empresas, y esto se hace no solo creando más canales, sino «abriendo en canal» nuestro pensamiento ejecutivo.

Respecto a las nuevas herramientas digitales, permiten una comunicación en tiempo real y recíproca, lo que provoca que todo vaya a mayor velocidad que antes, pero quiero que te des cuenta de que todavía solo se conoce lo que los jefes de las cavernas quieren que se sepa. Observo demasiados monólogos, en lugar de diálogos. ¿Te puedes creer que algunos de mis colegas tienen prohibido el uso de redes sociales en los ordenadores de sus empleados? Este es el típico ejemplo de normas que, cuando te detienes a pensar sobre su finalidad, seguramente la validez del razonamiento se asiente en un pasado del «esto siempre se hizo así y además funciona». Me has hecho dudar de todo, mi querida Sofía.

Y, por último, una breve mención al mensaje, a lo que contamos: aquí sí que tenemos que empezar a aplicarnos todos los jefes el rasgo de la actitud filosófica de la «creatividad», así como la necesaria personalización y «la ejemplaridad». Te reconozco que me gusta escribir —lo puedes comprobar, al haber iniciado esta correspondencia— pero, en el estilo corto, con abreviaturas y emoticonos, no me siento muy cómodo. Al principio de recibir tus primeras cartas, todavía, todos los viernes por la tarde los dedicaba a escribir a algunos empleados un largo correo electrónico, con su bello encabezado, extenso cuerpo y largo final. Mis asesores de comunicación me dicen que ya no se lleva ese estilo y que apenas lo abren —el *e-mail*—, y los más atrevidos incluso se atreven a sugerir que tiene cero impacto y que, por supuesto, nunca lo envíe fuera del horario laboral. Una de tus grandes enseñanzas es haber comprendido que lo que a mí me gustaría o me parecería bueno no tiene por qué serlo. Necesito ser más humilde: ¡que otro gran rasgo filosófico y tan difícil de practicar dentro de la caverna empresarial!

El diálogo, la comunicación directa e interpersonal, es una de las mejores formas para conocer lo que sucede de verdad en las cavernas empresariales, relacionarse con los empleados y dar sentido a la vida laboral. Y, dicho esto, muchos de los jefes nos empeñamos en largos monólogos y la ocultación de la información por ese legado del pasado que siempre funcionó, y porque creemos además que, como te dije anteriormente, es una forma de mantener nuestro poder y control.

Te cuento una pequeña anécdota, por si no la conoces: el investigador Albert Mehrabian descompuso en porcentajes el impacto de un mensaje: el 7 % es verbal;

el 38 %, vocal (tono, matices y otras características), y un 55 %, señales y gestos. El lenguaje se utiliza para comunicar información y el no verbal, para los estados y actitudes personales. Desde que hice este descubrimiento, no puedo dejar de pensar en cada uno de mis movimientos: virtuales y en el cara a cara: debo ser un verdadero desastre, y luego me quejo.

Gracias.

(*Post scriptum,* me gusta más que posdata pues yo soy de la generación de los que estudiaban latín. No he querido mencionar el tema de las *fake news* ni de la avalancha de avatares de simulación que nos ha traído la inteligencia artificial pues, como me has dicho muchas veces, se replican los mismos argumentos y conceptos del pasado con disfraces modernos. Es necesario estacionarse, para pensar no solo cómo lo vamos a decir, sino sobre todo qué queremos contar. A partir de ahora, miraré mi cara más a menudo frente al espejo antes de comunicarme).

25

DE LA PERSISTENCIA DE MIRAR AL PASADO O DEL PESADO LEGADO

Querida Sofía:

No quería dejar de hablarte en esta correspondencia de algo que marca mi rumbo de gestión y mis decisiones dentro de la caverna empresarial y, además, sé que no te va a sorprender, y es sobre el legado, o la frase tan repetida por muchos jefes de, «en esta casa, se hacen las cosas así». Puedo intuir en tu cara una gran sonrisa de tristeza por la cantidad de veces que te la tienen que haber dicho. Me has hecho darme cuenta, a través de los rasgos de la actitud filosófica, que estaba muy equivocado, no solo porque miro frecuentemente al pasado, sino porque no cuestiono la veracidad de todo lo que hago. De todas las señales o indicios de los desafíos de las empresas, creo que este persistente mirar hacia atrás es uno de los principales retos que determinan la dificultad de alcanzar «la buena vida laboral», sobre todo para los jóvenes con efecto Copérnico, que aprovecho también para decirte que sus hábitos contagiosos contaminan rápido al resto de las generaciones en las empresas.

Con tu correspondencia, no siempre fácil, me has hecho cuestionarme si estar constantemente contemplando lo que se ha realizado de forma tradicional es bueno, mejor, más justo o cierto para la correcta toma de decisiones y visión de la realidad; otra vez, me adentro en el territorio de la ética, y mira que yo era uno de quienes pensaba que, más allá de los códigos éticos, no servían para nada, como la filosofía.

Quiero, por un minuto, que pienses cómo actuamos en las oscuras cavernas empresariales: miramos tanto hacia atrás porque es nuestro horizonte de seguridad. Ese es uno de los principales motivos por los que nos cuestan tanto los cambios; los fracasos nos dejan profundas heridas y sin embargo, a los éxitos, le damos la consistencia de verdad suprema, sin darnos cuenta de que viene otra generación con otro concepto diferente de lo que significa el triunfo profesional. Las decisiones ejecutivas que tomo en mi día a día casi siempre se basan en la experiencia y, aunque no te lo hubieras imaginado, soy más empirista de lo que crees; mis sesgos del pasado son esa base de ideas a priori que decía Kant y que, desde las cavernas empresariales, creemos que son más «científicas» que otras por el pesado legado de la tradición —te cito a Kant, para que veas que ya voy avanzando en mi pensamiento filosófico y has atizado definitivamente mi curiosidad.

Actuamos con base a la experiencia proporcionada por nuestros sentidos y ahora, además, por multitud de datos proporcionados por la inteligencia artificial, que estamos seguros que afinarán nuestro juicio sobre lo que será mejor, más bueno y más justo para las personas —otra vez me pongo en alerta por la ética—. Me has despertado la curiosidad por pensar que tanta aparente objetividad de unos patrones sobre lo que sucederá, está eliminando, de raíz, esa intuición de la que nos dota el rasgo de «creatividad» de la actitud filosófica. Creo que es la memoria de las emociones más que la de los datos la que nos da sentido a la existencia y contribuye a cambiar la naturaleza del trabajo, pero, a la vez, también nos condiciona en igual medida para todo lo que no queremos ser. Me has convencido definitivamente, la actitud filosófica tiene que servir para cuestionar las reglas, los estereotipos, y nos ayuda a ver desde fuera con una mirada distinta sobre el futuro, a imaginar y dudar de la toma de decisiones con el peso de la tradición.

He descubierto que el pasado siempre debe ser entendido como punto de partida, nunca como horizonte de llegada; tengo que ser capaz de apartarme un poco del legado y distanciarme para ver lo pretérito, perfecto o imperfecto, desde el presente sin lastrarnos y darnos verdadera libertad de actuación. Porque me he dado cuenta que el pronóstico sobre lo que nos va a suceder, basado en el legado y pasado, no es necesariamente lo que acaba sucediendo pese a lo que nos gustaría. Los datos y la inteligencia artificial nos ofrecen soluciones probabilísticas y predictivas y sin embargo, a pesar de todas las estadísticas exactas, la realidad del presente siempre nos va a sorprender con forma de mariposas y cisnes negros.

Así somos los jefes querida Sofía, tomamos decisiones en relación a las causas de unos hechos que provienen de un pasado cercano o lejano, con ello, diseñamos políticas y procedimientos para regular la relación con los empleados y homogeneizar comportamientos. La mayoría de las ocasiones, una vez hechas, no las volvemos a revisar, no dudamos de ellas, con el argumento de que funcionaron en un pasado, en un determinado espacio físico y tiempo que la tecnología como sexto sentido y los jóvenes tambalean peligrosamente. Nos cuesta mucho no ya solo ponernos en el lugar del otro ni escucharlo, sino sobre todo asumir que puede tener razón en su cuestionamiento de, «en esta casa, se hacen las cosas así». Sin embargo, si algo caracteriza al trascurrir de los tiempos presentes, marcados no solo por las variables de la incertidumbre y la ambigüedad, sino sobre todo de la velocidad, es que el pasado es radicalmente diferente al ahora que vivimos y tenemos que dudar si se pueden aplicar las mismas recetas de siempre.

Debido al pensamiento filosófico, he descubierto la importancia del maravilloso presente, y el hecho de que el futuro sea incierto, como por otro lado lo ha sido siempre, no me tiene que impedir el tratar de comprenderlo ni cuestionarlo. No me puedes negar, por lo poco que me conoces, que la voluntad es lo que me guía en el trayecto que conduce mi historia de la gestión de personas que no siempre he realizado tan bien como debiera —¡maldita ética que ahora me hace dudar de todo!—. Mirar al pasado es un freno para potenciar todos los rasgos de la actitud filosófica, empezando por la «curiosidad» que, como tú bien dices, tiene que ser motor primero de todo cambio. Este rasgo ya me lo has inculcado con creces, a ver los otros…

Gracias.

(*Post scriptum:* no he querido hablarte ni de cultura ni de valores; creo que estos conceptos deberían ser cambiados desde ya mismo por el pensamiento filosófico y los rasgos de la actitud filosófica. Se lo voy a proponer a mi comité de dirección en la próxima reunión. Ya, ya lo sé, puedo imaginarme tu sonrisa irónica pues quizás después de la propuesta me despidan y lo sabes).

26

DE LA POCA EFECTIVIDAD DE ESTRESAR A LAS PERSONAS

Querida Sofía:

La soledad, la angustia y el estrés creo que han existido toda la vida, tanto en el mundo laboral como en la sociedad; sin embargo, la tecnología como sexto sentido, igual que ha ampliado otras facetas de la vida en los seres humanos, ha provocado un incremento de estas sensaciones. Nos parece que todo va más rápido e, igualmente, nos dotan de más herramientas para estresar mejor, y en todo momento a nuestros queridos empleados, que decimos que los ponemos en el centro, pero, en muchas ocasiones, los tensionamos sin motivo aparente, lo que provoca que los sentimientos de soledad y angustia crezcan al mismo ritmo que el absentismo y la rotación. He buscado los antecedentes de un término del que se habla ahora mucho en las empresas, el de la «salud mental», y me ha suscitado la curiosidad de intentar saber sus orígenes: Me he documentado y he descubierto que *El concepto de la angustia* es un trabajo escrito por el filósofo danés Søren Kierkegaard en 1844; esta sensación de temor es un miedo poco definido pero que casi paraliza la acción, y la productividad ya ni te cuento. Al igual que en la mayoría de las ocasiones las personas abandonan las cavernas empresariales por culpa de los jefes, los problemas relacionados con el bienestar psíquico han «salido del armario» y se han convertido en motivo de muchas bajas que nos cuestan mucho dinero a las empresas.

Escribirte esta carta es muy importante para mí, ya que no tengo ninguna duda de quién provoca la angustia y el estrés en las cavernas empresariales, somos los jefes o, como tú nos llamas, los «semidioses», porque nuestro concepto sobre el sentido y significado del «trabajo» es muy distinto en los tiempos presentes. Tenemos la creencia de que la tensión es buena, pero he aprendido que, como diría Aristóteles, que todo sucede en su justa medida: entonces, ¿hasta qué punto hay que estresar a los empleados? Te voy a intentar contestar, estoy contento, estacionarme a pensar sobre estos temas me hace dudar y cuestionarme algunos asuntos que estaba dando por ciertos por la seguridad de un pasado, en el que tengo que dejar de focalizarme tanto. La tensión y el estrés, provocan una reacción inmediata, pero solo a corto plazo y no puede ser repetida muchas veces y, ahora, me doy cuenta de que lo que quiero de los empleados, se puede conseguir de otra manera, más sutil, más elegante, más amistosa, en definitiva, más filosófica. A nuestra generación nos educaron con unos valores del «sacrificio» mal entendido, de una prudencia que era más bien un callarse siempre, de una lealtad opaca, una rigidez que encorsetaba la vida laboral, un mero trabajar para vivir; lo bueno venía siempre después del horario o en vacaciones, impensable el concepto de «buena vida laboral» que quiero ahora de verdad recuperar despues de tus cartas.

Ese forzar la máquina sin motivo aparente con los empleados se ha acabado de una vez por todas: hay que saber estresar lo justo, sino provoca esa angustia existencial, que lleva directamente al tedio, a la baja productividad, al absentismo y a la rotación. Y se por experiencia, que solo puede estresar quien tiene el poder jerárquico, no la autoridad. Todavía puedo escuchar cómo muchos de mis colegas, sobre todo ellos, aunque últimamente me estoy encontrando con algunas de «ellas» que hacen del miedo su bandera, y piensan que, por el nivel de exigencia y excelencia que imponen en su caverna, sea imposible tratar a las personas de otra manera. Sin embargo, uno de los rasgos de la actitud filosófica que más me ha impactado es la «amistad» y he comprendido que está por encima de la empatía, pues exige dedicación y vocación, y un actuar con un sentido ético. Tener una actitud amenazadora con los demás, en presencial o virtual, no es bueno definitivamente, sin relativismos; ese amedrantar provoca desconsuelo, y hacer infelices a las personas debería estar penalizado, sobre todo porque los jefes sabemos muy bien cuándo hacemos daño emocional. La tecnología como sexto sentido, al igual que ha ampliado facetas que favorecen las relaciones humanas, también permite multiplicar exponencialmente la angustia provocada por el estrés. El teletrabajo y la sociedad enredada generan una realidad paradójica pues, por un lado, se está más acompañado que nunca y en constante conversación y, sin embargo, aparece de golpe el concepto de «soledad» muy ligado a una vida donde se reivindica la individualidad frente a lo social. Yo también me siento solo muchas veces dentro del despacho de hecho, uno de esos ejercicios que me proponías respecto a viajar en metro y ver qué hacen las otras personas, me ha dado muchas ideas para tratar de alcanzar la «buena vida laboral».

Y, por si no fuera poco con los desafíos de los tiempos presentes, llegó el COVID-19, para hacernos dudar del sentido y propósito del trabajo pues para muchas personas, significa todo y nada, así de simple y radical y, cuando *la nada* llega a la caverna empresarial, contagia a todas las generaciones, y hunde la cultura y valores que habían servido de vínculo en el pasado.

Para finalizar, quiero que a partir de ahora todos mis colegas piensen de forma objetiva, no solamente en cuántas veces estresan a los demás como estilo de relación laboral, en lugar de desarrollar «la amistad», sino sobre todo deseo que se cuestionen el motivo por el que lo hacen, pues muchas veces está basado en un criterio falso de productividad y que, desde luego, no aplica por igual a todas las personas y acaba generando justo lo contrario del motivo por el que te las envié (quiero que sepas que he revisado las cámaras de la recepción donde me las dejaste).

Con esta carta, que al igual que todas, aunque están dirigidas a ti, creo que son para mí también, pues me he dado cuenta de la poca efectividad de estresar a las personas, y de lo que de verdad está en juego es la esencia del liderazgo que, como me has indicado tantas veces, es una fuerza que empuja, no que provoca necesariamente tensión, y debe ser cercano, generar confianza, respeto, en una reciprocidad imprescindible para poder potenciarse. El llevar a la acción, a la práctica, siempre se tiene que realizar desde el ejemplo, nunca desde la fuerza del poder vertical.

Gracias, porque con tu correspondencia creo que no solo voy a ser mejor persona, sino que además disminuiré la rotación y el absentismo.

27

DE LA NECESIDAD DE UN COMPROMISO NO LIGADO AL TIEMPO NI AL ESPACIO FÍSICO

Querida Sofía:

En esta carta, quiero abordar cómo veo el tema del «compromiso». Si ya ha cambiado la finalidad laboral, el consumo, e incluso se ha desdoblado el propio concepto de vida, o como tú lo llamas, «existencia», y la naturaleza del trabajo, desde las cavernas empresariales para recuperar estos conceptos, lo único que se nos ocurre a los semidioses es volver a la presencialidad, al control, a lo que sabemos hacer por la tradición, al poder sin autoridad. Considero que no se ejecuta «a mala idea», o por intentar perjudicar a los empleados, sino porque, como te escribí en las anteriores cartas, el lastre del legado, el foco en el pasado en lugar del presente y el no ser consciente de cuestionar lo que se nos aparece como bueno, justo o cierto, determinan la toma de decisiones. Ahora me doy cuenta de que esos síntomas del pensamiento ejecutivo me impiden no solo no entender lo que sucede, sino algo más grave: limitar lo que podemos conocer y juzgar desde los mitos de lo que siempre ha funcionado para otras generaciones como la mía. Si me permites una crítica a los rasgos filosóficos, yo hubiera incluido el del «compromiso» pues, aunque he deducido que está detrás de la «amistad», para mí, la búsqueda de la «buena vida laboral» constituye hoy por hoy algo esencial y clave para las empresas pues de ello dependerá la supervivencia de las organizaciones.

Estuve tentado hasta el último momento de escribirte todas las cartas con relación a este concepto del «compromiso» del que tanto se habla, pues el relato primordial de pertenencia a un equipo, a un jefe, a una empresa, a una tradición…, pienso que se ha roto definitivamente. El punto de gravitación de quienes has denominado «jóvenes con efecto Copérnico», así como sus conocimientos y competencias hacia esos cuerpos celestes que son las empresas, son radicalmente diferentes y, aunque la fuerza de la gravedad de otras generaciones sigue teniendo mucha influencia en las órbitas de las cavernas, nos tiene que hacer buscar nuevos focos de atracción.

Lograr el compromiso no ligado al espacio físico ni al tiempo síncrono tendría que ser la verdadera razón de la existencia todas las empresas, pues a las nuevas generaciones les gusta saltar y va íntimamente ligado con los conceptos de «flexibilidad», «responsabilidad» y «confianza». Les encanta el trabajo por retos, la aventura, la novedad, la velocidad y la instantaneidad, su estancia y productividad va muy ligada al concepto de «entretenimiento» como el de la sociedad de la que tanto me hablaste así como en tus cartas: si una serie los aburre, la dejan de ver rápido, si cuando entran en una caverna no les gustan las sombras de lo que perciben, se van a ir más tarde o más temprano. La tecnología como sexto sentido les ha impreso nuevos hábitos de comportamiento y de ser y estar, como tú dices, y en el mundo laboral también.

Quiero decirte algo importante, y es que las relaciones presenciales han constituido el núcleo de la gestión de las personas y de la creación de la cultura y el compromiso, debido a que los encuentros cara a cara y las relaciones humanas eran los hilos con los que se teje la empresa y, entonces, si este tipo de encuentros van disminuyendo, su tejido cambia como la piel de las serpientes. La actitud filosófica me ha hecho cuestionarme si esa presencialidad y «roce» requerido, hasta ahora condición necesaria y suficiente para crear cultura de empresa, espíritu de equipo y compromiso, era real o siempre había sido un mito. Se quieren llenar las oficinas otra vez de personas «atadas» a las sillas porque, para toda una generación de jefes «semidioses», esas eran las verdaderas reglas del juego, y este era uno de los motivos por los que parecían querer volver al mundo antes de la pandemia, para así también recuperar el compromiso y el poder perdido por la virtualidad, al de una presencialidad y «trabajo de silla» sin objetivos que ya no entendía nadie. Un desempeño sin finalidad con el que pretendíamos retener a las personas «con cadenas que les sujetan el cuello y las piernas de forma que únicamente pueden mirar hacia la pared del fondo de la caverna, sin poder nunca girar la cabeza», como diría Platón en su mito de la caverna en el libro VII de la *República;* ¡así de fuerte!, no vaya a ser que se pregunten o quieran mirar qué hay fuera. Sofía, no te extrañes con esta cita: tanto mencionarme la caverna, que tuve que leer ese difícil diálogo filosófico; voy a proponer a los del departamento de recursos filosoficos humanos de incluirlo como una prueba de selección, estoy seguro que la inteligencia artificial nunca se lo habría sugerido: ¡Qué contento estoy potenciando el rasgo de la creatividad entre todos mis empleados!

En el presente de las empresas, ese espacio que nos cuesta tanto mirar, conviven cuatro o cinco generaciones que entienden el trabajo de una forma «radicalmente» diferente (recuerdo siempre el efecto raíz del pensamiento filosófico), con disposiciones, deseos, preferencias y prioridades distintas; una visión del mundo opuesto entre sí, pero esto me dirás que casi siempre ha sucedido a lo largo de toda la historia, y sin embargo, los jóvenes con efecto Copérnico se manifiestan con transparencia y sin miedo, rompiendo la jerarquía del ordeno y mando clásico, típico del mundo tradicional de la empresa, y se atreven a dudar de lo cierto y a hablar sin miedo.

Me cuestiono cuál es la nueva fuerza gravitatoria que les atrae para trabajar y quedarse en una empresa, en tu carta de los «jóvenes con efecto Copérnico» me diste algunas pistas, sin embargo, recuerdo tu ejemplo respecto a la pregunta del color del cielo y, entonces, pienso: «¿Qué es el "compromiso"?». Y me has descubierto que, al igual que la naturaleza del trabajo, este concepto ya no está ligado ni al espacio físico ni al tiempo síncrono. No vamos a lograrlo mediante el presencialismo de una oficina bonita o fea, en el caso de que se pueda teletrabajar, ni tampoco está vinculado a la duración de permanencia en una caverna empresarial pues, ¿acaso el mejor empleado es el que más tiempo está con nosotros? Antes de recibir tus cartas, pensaba que sí, y ahora lo dudo (casi te iba a poner el emoticono del guiño; me has convertido definitivamente del pensamiento ejecutivo al filosófico: muy cartesiano, me da la impresión).

Necesitamos desarrollar, además de tanta relación laboral, políticas y procedimientos, la «amistad», porque he descubierto que es este rasgo de la actitud filosófica el que mantiene el vínculo a lo largo del tiempo y es lo único que va a permitir que vuelvan si deciden irse. Los jóvenes saltan de una órbita a otra, al igual que los electrones, y su salto afecta a la situación de partida, de donde se van, y al de llegada —¿te has dado cuenta de la metáfora tan creativa que encontré para definirlos?—. Para ellos es lo mismo, en lugar de tener una sola posición en una empresa, como las generaciones anteriores, tienen un horizonte de posibles puestos, son nuevos fenómenos nunca antes observados ni sospechados en las tradicionales cavernas empresariales, donde generaciones como la nuestra brincábamos más bien poco o solo, si se nos hacía salir de forma *no voluntaria*. Por la pirámide demográfica y la escasez de talento —la primera vez que, en estas cartas, sale este término: ¡curioso!—, tendremos que repensar definitivamente una fórmula del compromiso que vaya más allá de lo accidental, y que sin duda tenga que ver con encontrar el vínculo con la vida personal.

Abramos por fin las puertas de la caverna, soltemos las cadenas, que se queden en libertad todos los empleados de todas las generaciones, y sea porque nosotros, los jefes, hayamos sido capaces de potenciar sus rasgos de la actitud filosófica y quieran quedarse libremente trabajando con nosotros. Tenemos que descubrir ese sustrato último del «compromiso», el origen, ese vínculo que va más allá de esas características aleatorias o de lo que se nos aparece como cierto. Puedo ya intuir que lo de alcanzar la «buena vida laboral» va por ahí, de unir lo personal y lo profesional, reto harto difícil después de muchos años de intentar mantenerlo separado. Hagamos a los empleados libres y con ello quizás, consigamos que se queden con nosotros por su voluntad y no por obligación.

Gracias.

(*Post scriptum:* en las siguientes dos cartas, te hablaré de liderazgo —en una, de lo que debería ser y, en otra, de lo que definitivamente no es; lo que todavía dudo es en el orden en el que te las enviaré).

28

DE LO QUE NO DEBERÍA SER NI PARECER UN LÍDER

Querida Sofía:

Al final comencé por lo que no debería de ser un líder, porque creo que me veo más reflejado y me resulta más fácil hablar de ello. Por ese motivo, para escribirte esta carta, me he situado delante de un espejo, para que me reflejara a la cara sin poder poner un filtro, todos esos defectos de los jefes, de los que, en la mayoría de las ocasiones, somos conscientes y, por determinadas razones relacionadas con el pasado y con el carácter, no se cambian ni evolucionan en ese mantra del «esto siempre se hizo así y además funciona»; maldito legado que determina mi toma de decisiones y la gestión de personas. Estas palabras quiero que sean un intento de llamamiento a todos los que son y parecen como yo, sobre todo a estos últimos, pues el aparentar un cierto comportamiento y luego ser otra persona ya no es válido con los desafíos de los tiempos presentes, la transparencia de las redes desvela muchas incoherencias. Y me vas a permitir hacerte de nuevo un listado de comportamientos que revelan determinados estilos de liderazgo, para a otros/as muchos como yo, provocarlos a través del primer motor de la actitud filosófica: la curiosidad del cuestionarse su papel en las cavernas y en el conjunto de la sociedad.

A lo largo de toda la historia, el liderazgo estaba asociado con el poder, y ahora me doy cuenta de su naturaleza, esa fuerza para llevar de la potencia al acto; ese descubrir, dar sentido y significado a la vida laboral; por ese motivo, es recíproco y siempre necesita al otro, al empleado para poder ejecutarse (que mal me suena ahora esta palabra). Pierde su equilibrio cuando se convierte en un beneficio individual o está orientada a un colectivo determinado. Para que no tengas dudas de que estoy empezando a aplicar los rasgos de la actitud filosófica, aunque es cansado estar dudando de lo que siempre había creído como cierto, en lugar de recrearme en el cómodo pasado, he encontrado una figura literaria para contarte lo que no debería ser ni parecer un líder (qué mal suena cuando deformamos el lenguaje).

Por ser más creativo y que me tengas en consideración si alguna vez adivino quién eres, te voy a plantear un pequeño juego con las palabras (te reconozco que repasé con mis hijos esta figura literaria y me acordé de ti, eso es bueno ¿no?) El oxímoron es una combinación de dos palabras que, al juntarse, cambian su significado individual, porque he aprendido que es parte de lo que es el pensamiento filosófico: encontrar un nuevo sentido, hallar el equilibrio entre lo que parece opuesto y potenciarlo en mayor o menor intensidad en las personas, personalizando porque, como sabes, cada generación tiene un pasado diferente que le determina su experiencia de presente, y con una clara voluntad de cambio a la que a partir de ahora quiero imprimir un rumbo ético.

Una de las cosas de las que me has permitido ser consciente en todas tus cartas es que el poder no es malo, tan solo es una fuerza y lo que necesita es la dirección ética desligada del pesado legado. Un líder tendría que serlo por sus conocimientos y ese «saber hacer las cosas» potenciando los rasgos de la actitud filosófica. La actitud, las competencias, son accidentales, pues ya entendí que solo desde la amistad, se pueden conseguir los resultados, y esto no significa buenismo ni paternalismo, pues es ese dar por el placer de dar, y siendo conocedores del dolor que puede llevar algunas veces.

Antes de pasar a contarte los que he descubierto (estoy nervioso: ¡me gustaría ver tanto tu reacción cuando los leas…! Estoy seguro de que me lo vas a copiar), me encantaría mostrarte algo que he identificado como algunos rasgos comunes en todas las personas que no son ni parecen líderes: y el primero y más significativo es de los que nunca tienen tiempo para quienes no son de su interés, beneficio, o de su propia cuerda —leales creo que los denominamos—; tampoco son agradecidos, y utilizan el poder de la sonrisa en sus extremos: o sonríen falsamente siempre, o no lo hacen nunca.

Aunque sea casi el final de mis cartas, déjame hacer una lista con algunos de estos conceptos opuestos, para intentar describirte un nuevo significado de lo que no es ni debería parecer un líder.

DE LOS AGUAFIESTAS OPTIMISTAS

Parecen optimistas, pero son verdaderos aguafiestas: de esas personas que, ante cualquier idea, sugerencia o exposición de argumentos, turban cualquier diversión o regocijo, o aún peor, derrumban lo más demoledor, la ilusión y ganas de los empleados que lo plantean. Yo he sido así muchos años, derribando todas las propuestas que me venían de frente, para que quedara claro quien ostentaba el poder. En el otro extremo, están quienes nunca ven una pega a nada, son conformistas con todo y se instalan en una apatía vacía también dañina. A partir de esta característica, te darás cuenta qué fácil es clasificar a las personas que conoces.

DE LOS PODEROSOS AUTORIZADOS

Parece que tienen la autoridad, pero lo que tienen es el poder, que solo funciona en el corto plazo o pocas veces puede ser ejercido sin la credibilidad que otorga el conocimiento y el territorio de la ética, y te insisto, Sofía, para mí, creo que ya implica no solo un saber «qué», sino sobre todo un saber «cómo» y «cuándo».

DE LOS RACIONALES EMOCIONALES

Parece que tienen la empatía emocional, pero su toma de decisiones está basada en los datos analíticos y en una lógica donde no se tiene en cuenta las emociones. ¡Qué importante es ahora saber tocarlas! Y esto significa ser cercano, ocuparse, preocuparse y tener buen ánimo. Ahora soy consciente de la importancia de buscar el equilibrio entre la razón y la emoción, sabiendo que la inteligencia artificial nos gana en argumentos y que será crucial potenciar la sensibilidad de los cinco sentidos.

DE LOS AMEDRENTADORES ENVALENTONADOS

Estos, para mí, son uno de los peores, yo también he tenido muchos jefes así, de los que después he imitado su forma de comportarse, ¡ay de la importancia del ejemplo! Parece que tienen valentía, pero son amedrentadores, que significa: hacer sentir de menos, con base en el poder, más que en la autoridad. Quienes amedrantan... mantenlos muy lejos. Me he permitido buscarte sinónimos que, en este caso, dan un mejor reflejo que mis palabras sobre lo que significa: «asustar», «acobardar», «atemorizar», «intimidar», «espantar», «arredrar», «apocar», «achantar», «acalambrar», «aculillar» y «achumicar». Si estás cerca de alguno de ellos, aléjate ya. Yo he sido así muchos años, ahora no me extraña de la rotación que tenía en mi equipo y del alto nivel de absentismo. Hay muchos jefes que todavía no se han dado cuenta, por eso tus cartas del pensamiento filosófico son tan necesarias, alguna idea se me ocurrirá para que tu mensaje llegue a mas cavernas empresariales.

Me gustaría contarte más síntomas de lo que no es ni parece el liderazgo, y de porqué con estas manifestaciones es imposible conseguir la «buena vida laboral» pero no quiero aburrirte Sofía, estoy seguro que tú y todos mis empleados, podrías realizar un listado más amplio y concienzudo que yo. No tengo dudas de que el viaje del pensamiento ejecutivo al filosófico, me permitirá la identificación y supresión de algunos de los «accidentes del liderazgo» —no es por nada, pero ¡te estoy dando muchos titulares para tu correspondencia!—.

Y, por último, quiero acabar con una recomendación sobre por qué deberías huir de los «iluminados», quienes proclaman sus argumentos como si fueran grandes verdades, con soberbia y, muchas veces, solo con la autoridad de estar en un piso o rango superior y, cuando estos seres, que te habrás cruzado con muchos, tienen una inspiración, en la mayoría de las ocasiones, era mejor que te pillara lejos. Detrás no había un afán por buscar la verdad, sino un poder personal y de gloria individual (me doy cuenta de que acabo de describirme a mí mismo, ¡qué equivocado y deslumbrado estaba por el poder!). Aléjate de los iluminados Sofía pues, sobre la línea del tiempo, reposan en un futuro ficticio sin casi presente y con un pasado o legado que siempre justifica siempre sus acciones.

Gracias.

(*Post scriptum:* muchas gracias por desvelarme, a través de la actitud filosófica, en qué me había convertido. Me ha gustado ir acabando mi tanda de cartas sobre lo que no debería ser el liderazgo, pues ya se que es la fuerza que activa o potencia todos los rasgos de la actitud filosófica. Pensé que, describiéndote el camino de lo que no deberías seguir, obtendrás la trayectoria adecuada para conseguir la «buena vida laboral»).

29

UN BREVE APUNTE FINAL SOBRE LA NATURALEZA DEL LIDERAZGO

Queridísima Sofía:

Creo que va a ser la última carta que te escriba, estoy a punto de desvelar tu identidad, tengo a todos mis *esbirros* detrás de ti. Se ha escrito tanto sobre este concepto que casi me da vergüenza mandártela; sin embargo, he descubierto gracias al pensamiento filosófico que el liderazgo, en el fondo, se trata de una fuerza con tremendo sentido ético, y que su naturaleza nunca puede ser un estilo, pues no se refiere a las características particulares de un espacio físico y tiempo determinado, sino a la verdadera esencia que ha de llevar al acto todos los rasgos de la actitud filosófica presentes en cada uno de los empleados, ¡no me lo pones nada fácil!. Por cierto, verás cuando llegue a mi comité de dirección y les hable en estos términos tan profundos… quizá me destituyan por oscuro.

Me has enseñado a través de tus cartas que la actitud filosófica tendría que servir para cuestionar el «liderazgo ejecutivo» —¿te gusta este término?, me lo puedes copiar sin problema, —esa jerarquía del ordeno y mando, de un poder sin autoridad, de unas reglas sin personalizar que ya no tienen sentido para ninguna generación y que rompen cualquier intento de alcanzar la «buena vida laboral». Los jóvenes con efecto Copérnico se niegan a rendirse ante normas, políticas y procedimientos de un pasado que ya no tiene validez en los tiempos presentes, y además, había descubierto que no solo era por su juventud, sino algo más grave: por no acomodarse a los estándares de la realidad dual y digital en la que vivían. Muchas veces le daba la sensación de que, cuando se entraba en la caverna empresarial que tanto tiempo y esfuerzo les había costado construir, era como retroceder a otro siglo, a un espacio con unas reglas de juego antiguas, para una generación del presente y futuro impactada de lleno por la tecnología como sexto sentido y la inteligencia artificial.

Una de las cuestiones que causaba mayor desacuerdo en la sociedad, y en las empresas en particular, era todo lo referente al liderazgo: jefes que controlan y mantienen en su movimiento denso y algo oscuro, una inercia del legado sin continuidad de presente y que, además, quieren seguir aferrándose a ese poder, en muchas ocasiones sin autoridad. Sé que este tema tan manido del liderazgo te escuece mucho más que otros de los que te describí en mis cartas y, sin embargo, sabes que es lo único que nos facilita a las empresas crecer y ser sostenibles, y permite a las personas alcanzar la «buena vida laboral», de eso no tengo ninguna duda, y lo peor es que si lo sabemos, ¿por qué no lo cambiamos? para eso sirven los rasgos de la actitud filosófica, por ese motivo, ahora sé que me escribiste, pues necesita esa bofetada del descubrimiento de lo que estaba oculto que da la filosofía.

¿Has detectado, como yo, una cierta incapacidad de los jefes para organizar a las personas dentro de la caverna empresarial? Por los fenómenos de nuestros tiempos presentes: esas mariposas y cisnes negros que revolotean a nuestro alrededor, una transparencia gracias al mundo virtual que nos hacen vivir en una aparente velocidad, en la que me has demostrado que el día sigue teniendo 24 horas y que, gracias a la tecnología como sexto sentido, que siempre nos hace mejores humanos. Y todo esto, nos tendría que permitir, al menos, tener más tiempo. Sin embargo, todos los estilos de liderazgo vigentes tienen que pasar por una necesaria reflexión, por un estacionarse a pensar, no en las características particulares, sino en su verdadera naturaleza. En cierta manera, muchos jefes viven en nuestros tiempos presentes una experiencia del desierto, despojados de su ambiente y sus recursos tradicionales del cara a cara y la presencialidad, y preguntándose hacia qué dirección caminar, en sospecha permanente con todo y en especial con los jóvenes con efecto Copérnico, que los retan con su modelo tradicional de gestión de personas y se preguntan «para qué» sirve el trabajo, y sobre el verdadero propósito del mismo. El solo hecho de pararse momentáneamente y cuestionar los fenómenos de los tiempos presentes, cambia toda la gestión de personas.

Me has demostrado, a través de todas tus cartas y gracias a la actitud filosófica, con ese maravilloso estacionarse que no detenerse, que el liderazgo no es un estilo, sino que tiene una naturaleza propia que tenemos que saber desbrozar, y significa lo que algo «es», a pesar de los cambios posibles de apariencia o estado, y esto último es lo que podríamos llamar «estilo de liderazgo», y cambia con el tiempo y con las modas. Y lo más sorprendente todavía es que en muchas de las cavernas empresariales, aun siendo conscientes de los beneficios que pudiera tener aplicarlos, se niegan a cambiar: la huella del éxito pasado es demasiado fuerte para virar de rumbo; sigue siendo más fácil achicar agua que cambiar de destino, aun sabiendo que la primera opción cuesta más y te puedes hundir.

La naturaleza del liderazgo frente al pensamiento ejecutivo tiene que ser el motor que active y lleve al acto los rasgos de la actitud filosófica que me has enseñado y que a partir de ahora aplicaré en mi día a día. Siempre es una fuerza, un principio, un origen…, y no debe confundirse con una actitud, que es la disposición de ánimo que se manifiesta de cualquier manera y aleatoriamente, y se refleja en unos comportamientos que se moldean a lo largo del tiempo y se empeñan una y otra vez en continuar por un territorio tan cambiante en el que es muy fácil naufragar. Y también he descubierto que es la ética la que tiene que dar el sentido y el significado a ese cambio pues, si no, se convierte en un estresar sin dirección en el que parecemos estar todos los jefes; y he deducido que este hecho es una de las principales consecuencias de fenómenos como la rotación o el absentismo, así como el difícil «compromiso», que son los mayores frenos para obtener una «buena vida laboral».

El estilo de liderazgo está adscrito a un tiempo y lugar concreto: suele ser «relativista», como decís los filósofos; por eso, varía e incorpora, sin ton ni son, modas y conceptos que van y vienen y, como no cambia la esencia del mismo, al final todo vuelve a ese poder sin autoridad, que es una de las ideas más arraigadas en estos temas. Te pondré un ejemplo como haces tú: con la llegada de la inteligencia artificial no se habla de otra cosa más que del pensamiento crítico, ¡claro!, ahora, después de recibir tus cartas, no puedo más que sonreírme, porque este hecho es algo que sucede mucho en las empresas: que se pide una cosa por cosmética y postureo ético, y luego a ver quién «duda» de lo que dicen los jefes; sin embargo en la actualidad, los jóvenes con efecto Copérnico sí que cuestionan todo, por ese motivo, la llegada de esta generación a las empresas rompe las normas del pasado y despertará al resto de las personas independientemente de su edad.

He de reconocerte que después de recibir tus cartas, ya soy más consciente de que la naturaleza del liderazgo no ha llevado nunca implícito la presencialidad; me pregunto cuántas veces verían el rostro de Julio César sus soldados, y no existía WhatsApp para estresarlos o animarlos. Se puede decir que estos grandes conquistadores —sí, lo siento, solo he encontrado referentes masculinos— sabían cómo hacer una perfecta gestión de personas en remoto gracias a la fuerza de un propósito que no fue nunca solo individual, la gloria, sino también eminentemente colectivo, de algo más grande que el propio individuo. He comprendido a través de tu correspondencia que, gracias al pensamiento filosófico, tenemos la responsabilidad de transformar el estilo de liderazgo ejecutivo en una fuerza no vertical, con vigor (virtud), robustez y capacidad para mover algo o a alguien que, quizá, nos oponga resistencia. Y tiene que ser la causa capaz de modificar el estado de reposo o de movimiento de las personas, o de deformarlo con la dirección ética —¡estarás orgullosa!, al final acabo hablando como tú—, la actitud filosófica también contagia.

Tus cartas me revelaron finalmente que, gracias a la curiosidad, a la amistad, al saber cómo estacionar para cuestionarme de forma crítica los desafíos de las empresas, y a mi férrea voluntad, podré alcanzar primero para mí y luego para todos mis empleados, ese objetivo que ya me tiene *loco*, que es el de la «buena vida laboral».

Gracias de verdad por todo. Creo que ya he descubierto quién eres, en el fondo siempre lo supe…

EXCURSO FINAL

Querido lector, quizá te abrume de nuevo un cambio de narrador, pero no podía acabar esta última carta que escribiré sin un turno de réplica de Sofía, y sin tener la oportunidad de explicarte en qué consiste ese concepto del que tanto te he hablado: la «buena vida laboral». Me puedo imaginar siempre una sonrisa irónica cada vez que te lo mencionaba, el «trabajo» y la «buena vida» se sitúan en las antípodas. Frases tan manidas como «aquí uno no viene a divertirse», «aquí se viene llorao» o «no me queda más remedio que trabajar para vivir» están en el subconsciente de todos los seres humanos. Es de suponer que divertirse en el trabajo, como diría mi amigo Sergio de la Calle, está tan prohibido como la risa lo estuvo en la Edad Media y, sin embargo, esos movimientos congénitos del ser humano y que se han contagiado hasta a los emoticonos favorecen no solo la productividad, sino algo más: ese «tocar las emociones», ese estacionarse y cuestionarse desde todas las firmes creencias hasta lo más absurdo de la existencia. Y, ya sea solo porque en el trabajo pasamos algo más de un tercio de nuestra vida, merece la pena al final, al menos, hacerlo con buen ánimo.

30

DE LA FELICIDAD A LA BUENA VIDA LABORAL

Querido director general:

Si has llegado hasta aquí, te voy a pedir un favor: que tires todas mis cartas a la basura —reciclable, por favor—, pues esto significaría que has superado mis letras, y ahora me escuchas desde el pensamiento filosófico. Y, respecto a cómo alcanzar la «buena vida laboral», te iba a proponer un final wittgensteiniano del tipo a como cierra su obra maestra del *Tractatus:* «De lo que no se puede hablar, es mejor callarse». Pero no lo haré así: mi esencia aristotélica me lo impide y, aunque seguramente ya habrás llegado tú solo a una respuesta, para llegar a este fin, sería necesario volver a unir y equilibrar el ámbito personal y el profesional, así de simple.

Soy Sofía de nuevo, manteniendo ese nombre ficticio al menos hasta que me descubras, y soy consciente de que lo estás intentando por todos los medios a tu alcance, y son muchos. Espero que hayas entendido, a lo largo de todas estas cartas, que ya van llegando a su final, que el objetivo último es configurar un nuevo marco de pensamiento a través de los rasgos de la actitud filosófica que te permitan abordar los desafíos de los tiempos presentes y, sobre todo, crear un nuevo modelo de «buena vida laboral»; concepto que, a pesar de parecer contradictorio, tiene que ser la verdadera palanca del compromiso profesional. En los últimos tiempos —recuerda que soy casi de tu misma generación—, vengo observando un cierto desencanto generalizado en el mundo del trabajo, después de una pandemia que nos hizo replantearnos muchas cosas pero, sobre todo, el sentido y significado de la vida y también la laboral. Este hecho quizá ha sucedido de manera cíclica a lo largo de toda la historia, y sin embargo, los dos desafíos de los tiempos presentes han provocado no solo que suceda, sino que sobre todo, gracias a los jóvenes con efecto Copérnico, las sombras de la caverna empresarial salgan a la luz. Como me has comentado en tus cartas, fenómenos como el absentismo, la conciliación, el teletrabajo, la diversidad de generaciones o un fin desenfrenado por los beneficios sin pensar en la sostenibilidad del propio planeta, están provocando esas fisuras por las que se escapan algunos de los empleados en búsqueda de una mejor vida, de una «buena vida laboral» y, como eres muy listo, ya sabrás que huyen casi siempre justo los mejores, esos que necesitas para hacer crecer tu caverna empresarial.

Para los griegos (o por ser más precisos, para Aristóteles), la «buena vida» estaba fundamentada en el equilibrio de los límites, lo que señalaba el camino no era una autoridad moral ni un dios trascendente, sino la ética, es decir, ese dudar y cuestionarse que nos llevaba ineludiblemente a descubrir no el mundo de lo que «es», sino el de lo que «debería ser». Estos extremos no eran una tabla de valores intocables que separaban el bien del mal, como podríamos creer nosotros; los griegos respondían a preguntas muy simples: «¿el para qué de mi existencia?», «¿por qué voy a hacer lo que haré?», «¿cómo lo haré y qué efectos tendrá?». La «buena vida» se sostenía en la moderación, el justo término medio, la requerida «prudencia» (Φρόνησις) o incluso la «ataraxia» (ἀταραξία), la serenidad del ánimo, la reflexión sobre los efectos de las cosas que nos afectan; ese conocer las causas que nos hace ser lo que somos, y así ser conscientes de nuestros estados de ánimo. Me pregunto si ante la invasión de la inteligencia artificial no habría que volver al concepto de «alma», les dejaré un reto a los filósofos académicos.

En los tiempos presentes, parece que nadie logra identificar la fuerza capaz de conducir la atención y el compromiso de todas las generaciones, pues intuyo ya cuál puede ser el motivo. Desde sus orígenes, el mundo del trabajo se ha preocupado en separar el ámbito personal y laboral, lo que ha generado dos seres humanos en apariencia distintos, como si no tuvieran relación. Las personas, en general, tienen que trabajar para vivir, apartando en muchas ocasiones su esencia de la apariencia que le solicitan en las cavernas empresariales; y yo te pregunto, querido director general: «¿Por qué no te decides a unificar esta aparente dicotomía del ser humano?». Será el único camino para alcanzar la «buena vida laboral», y se puede hacer desarrollando los rasgos de la actitud filosófica. Este es un concepto de presente y que se proyecta en el futuro de manera sostenible, pues la felicidad, o tal como algunos la venden como recetas en las cavernas empresariales, tiene la misma duración que un antibiótico: ocho horas, luego se esfuma rápidamente.

Cuando al final me descubras, que sé que lo harás muy pronto, no quiero que me mires más como a un simple «trabajador», soy algo más: somos personas, seres humanos. Y las cavernas empresariales que no sepan vernos así se enfrentarán a esos accidentes del terreno, a esa huida sin freno del talento, tan marcados ahora por las nuevas generaciones y la tecnología como sexto sentido y que les impedirá, sin ninguna duda, crecer. Todos los rasgos de la actitud filosófica tienen la intención de romper la separación entre los conceptos de «trabajadores» y «personas», e integrar en una unidad al ser humano.

«Personal-profesional», qué absurda dicotomía heredada de un pasado que ya no tiene apenas reflejo en el presente…, o sí. Pues ese es el sentido y significado de mis cartas: hacerte consciente de que la naturaleza del trabajo y de los trabajadores ya cambió para siempre, ya sea en presencial o virtual provocando que el liderazgo no pueda ser ejercido de la misma manera. Esa frase de «trata a los demás como te gustaría que te trataran a ti» no tiene el mismo sentido y significado que antes, pues los desafíos de los tiempos presentes imponen nuevas reglas de juego y te deberían hacer dudar sobre si los manidos conceptos de «sacrificio», «lealtad», «excelencia» o «rentabilidad» siguen teniendo vigencia, o por lo menos en el mismo sentido que antes.

Solo aquellas cavernas empresariales que entiendan al ser humano en su totalidad, personal y laboral, serán las que sean capaces de salir a la maravillosa luz del universo y comprender que el centro de gravedad ya es otro.

Gracias por tus cartas, he de reconocer que me han «tocado las emociones» y me alegra comprobar que al menos, te hice cuestionar algunas de tus creencias, a ver si ponemos de moda de nuevo el género epistolar, ¡nos va a contratar Correos y lo sabes! No tengo ninguna duda, veo cada vez más necesario que las empresas incorporen a un filósofo.

31

UN ÚLTIMO BUROFAX

Queridísima Sofía:

Creo que sabías, desde el primer día que comenzaste esta correspondencia, que la carta final iba a ser un burofax dirigido a ti, y aunque los jóvenes con efecto Copérnico no conozcan este término por ser una tecnología obsoleta, tu sí lo sabes bien y no tiene buenas connotaciones. El día que leí tu última, me sentí triste y alegre a la vez, pues te comprendí como persona en tu totalidad. Hoy se va a acabar esta correspondencia, lo sé, y comienza mi gran tarea de llevar de la potencia al acto los rasgos de la actitud filosófica entre todas las personas que me rodean. Comprendí que sabía más que nunca, después de leer este denso género epistolar, cómo dirigir mi caverna empresarial, y qué les sucedía a mis clientes y empleados. No te lo podrás creer, pero ahora viajo en metro, no solo por ser más sostenible y dar ejemplo, sino porque aprendo mucho viendo lo que van haciendo otros a través de sus dispositivos móviles, y nadie me observa cuando los miro descaradamente, ¡qué curioso!

Solo me quedaba una misión por cumplir: descubrir quién era el remitente de estas cartas que me habían cambiado la vida, pues las acciones de mi compañía se estaban disparando, solo por el hecho de no aplicar, en los últimos meses lo que no debería ser el liderazgo, había disminuido la rotación y el absentimo. El paso del pensamiento ejecutivo al filosófico, para mí, ha sido como un «espabilar» y un descubrimiento a la vez, pues has logrado despertar mi curiosidad, al enfrentarme a los desafíos de los tiempos presentes, un VER-DESDE-FUERA filosófico que no tenía antes y que era solo un mirar desde arriba: tanto por conocer, descubrir y muros por derribar de mi caverna empresarial…, en definitiva, que me has cambiado la vida, la existencia, mi ser y estar en el mundo que ahora cuestiono continuamente desde los rasgos de la actitud filosófica.

Y, sin embargo, si a partir de ahora tengo que ser más coherente y ejemplar que antes, solo me queda un objetivo: descubrir quién eres, que ya me lo imaginaba desde la carta del rasgo filosófico del «arte de la creatividad», y después despedirte, pues tu misión en mi caverna empresarial ha quedado satisfecha. No voy a reenviar tu preciada información a otros jefes, haré algo mejor, enviarte a ti, no tengo ninguna duda de que te van a contratar y los sabes.

Estimada señorita Poppins —en lenguaje coloquial, Sofía—, soy el señor M. Aunque nunca me dirigieras tus cartas con este apelativo, sabía que te estabas refiriendo a mí. Después de todas tus enseñanzas, quisiera decirte dos cosas muy importantes: la primera, gracias, soy otra persona en el sentido filosófico que tanto me has inculcado, y la segunda, y que pese a tu templanza aristotélica te dolerá, te voy a despedir y lo sabes, no por una cuestión egoísta, sino por el tan referido bien común que me has escrito en tu correspondencia. Es necesario que vayas a otras empresas, con otros directores generales perdidos como yo en sus oscuras cavernas empresariales para sacarlos a esa gran luz filosófica que me descubriste. Y no tengas miedo: quizá, si no te echara yo, a tus años, no saldrías de las embaucadoras tinieblas de esta caverna empresarial. Tu valentía para decir la verdad es lo que necesitan mis amigos, pero, sobre todo, mis enemigos. ¡Hasta pronto, querida Sofía!